La Psicología de la COOPERACIÓN y la Consciencia Grupal

TORKOM SARAYDARIAN

TSG Foundation
tsgfoundation.org

La Psicología de la Cooperación y la Consciencia Grupal
de Torkom Saraydarian

Título Original: *The Psychology of Cooperation and Group Consciousness*

T.S.G. Publishing Foundation, Inc.
The Creative Trust
PO Box 7068
Cave Creek, Arizona 85327 U.S.A.

Traducción al español por TSG Spanish Translation Team

Edición en español: 2021
Impreso en España por: ***Editorial Dagón***

Web: *http://www.editorialdagon.es*
Editor: *editor@editorialdagon.es*

ISBN: 9788419540416

CONTENIDO

SOBRE EL AUTOR

Torkom Saraydarian (1917-1997) nació en Asia Menor. Desde la niñez, fue entrenado en las Enseñanzas de la Sabiduría Eterna.

Visitó monasterios, templos antiguos y escuelas de misterios con el fin de encontrar las respuestas a sus preguntas sobre el misterio del hombre y el Universo.

Vivió con Sufis, derviches, místicos Cristianos y maestros de música y danzas del templo. Su educación musical incluyó el violín, piano, laúd, cello y guitarra. Le tomó largos años de disciplina y sacrificio poder absorber la Sabiduría Eterna de sus fuentes verdaderas. La meditación se convirtió en parte de su vida diaria, y el servicio, una expresión natural de su alma.

Torkom Saraydarian dedicó su vida entera al servicio de sus congéneres humanos. Sus escritos, conferencias, y música, muestran su total devoción a los principios, valores y leyes superiores que están presentes en todas las religiones y filosofías mundiales. Estos trabajos representan una síntesis de lo mejor y más bello en la cultura sagrada del mundo. Sus trabajos enriquecen el pensamiento fundacional sobre el cual el hombre puede construir su Futuro.

Torkom Saraydarian escribió un gran número de libros, muchos de los cuales han sido publicados. Todos sus libros continuarán siendo publicados y distribuidos. Algunos han sido traducidos al armenio, alemán, italiano, español, portugués, griego, holandés y danés.

Dejó un rico legado de escritos y composiciones musicales para el disfrute y beneficio de toda la humanidad por muchos años por venir.

Nota Importante: El propósito de este libro es educar. Ni el autor, ni el titular de los derechos de autor, y ni la Fundación TSG Publishing Foundation, Inc., tendrán compromiso, ni responsabilidad con alguna persona o entidad, con respecto a alguna pérdida o daño, causado directa o indirectamente, por la información contenida en este libro.

Esta edición en español ha sido completada gracias al generoso apoyo del Grupo TSG en Idioma Español y al Grupo de Estudios Teosóficos de Valencia (España). Expresamos nuestra profunda gratitud hacia todos aquellos que colaboraron con este proyecto.

INTRODUCCIÓN

La mayor alegría, salud, prosperidad y el futuro del ser humano se basan en la labor que lleva a cabo para las demás personas: sanar, iluminar, alentar y proveer oportunidades para el crecimiento de los demás.

Las personas se pueden dividir en varias categorías, las cuales corresponden también a las etapas de su consciencia.

Aquellos en la primera categoría viven para hacerse felices a sí mismos a costa de la felicidad de los demás.

Aquellos ubicados en la segunda categoría viven para hacer que su partido o nación sea feliz a costa de los demás.

Aquellos en la tercera categoría viven para servir a los demás y para ayudar a las personas a ser saludables, felices, prósperas y creativas.

Aquellos en el primer grupo finalizan lentamente su vida con infelicidad, dolor y remordimiento. El segundo grupo aumenta el dolor y el sufrimiento de la humanidad. El tercer grupo disfruta la vida e incrementa la salud, la felicidad, la prosperidad y la luz en el mundo. Ellos viven con felicidad y son capaces de sobrevivir y soportar muchas crisis y calamidades en la vida.

Sin embargo, existe otra categoría que es totalmente diferente de las tres mencionadas arriba. Las personas en esta categoría sirven a las fuerzas del mal que controlan a la humanidad a través del odio, el temor, la ira, los celos, la calumnia, la malicia y la separatividad. Una vez que la persona cae en las manos de este grupo, no habrá esperanza para ella porque ellos destruirán sus bases y le convertirán en una persona sin alma.

Es nuestro interés capacitar a las personas para que distingan entre las diversas agrupaciones y sean capaces de vivir una vida que sea libre, que causen tan poco daño como sea posible para ellos y para los demás. Las personas deben aprender a vivir no por sus posesiones y posiciones sino para traer felicidad real a la humanidad. Como un gran Maestro alguna vez afirmó «la felicidad reside en ayudar a la humanidad».

Al aprender el verdadero significado de la consciencia grupal, dejamos de vernos a nosotros mismos como seres separados, separados de todos los demás, y empezamos a ver nuestro vínculo con toda la humanidad, con la Naturaleza y el Cosmos. En esta comprensión, aprendemos la ciencia y el arte de la cooperación. En todas partes, las personas están finalmente comprendiendo que tener cooperación y consciencia grupal son las claves verdaderas y únicas para el éxito, y finalmente para la supervivencia.

1

CONSCIENCIA GRUPAL

Un grupo es una reunión de personas que tienen una meta en común y que tratan de alcanzar esa meta a través de la cooperación, la perseverancia y el motivo desinteresado. La intención de cada miembro es hacer al grupo saludable, feliz, próspero, iluminado y seguro.

El número de miembros en un grupo puede ascender a tres, o a millones, pero a medida que el número de miembros aumenta, mayor virtud y mayor eficiencia son requeridas para mantener al grupo intacto. Una familia puede ser un grupo; una iglesia puede ser un grupo; una nación puede ser un grupo. Incluso la humanidad como una totalidad puede ser un grupo global.

La consciencia grupal es la suma total de las consciencias de los individuos quienes, a través de los esfuerzos sinceros, han unido, fusionado y mezclado sus consciencias con la consciencia de los demás. Un grupo no es un grupo verdadero a menos que las consciencias de los miembros de ese grupo estén fusionadas, unidas y mezcladas mutuamente. A esto se denomina «tener una mente», o consciencia grupal.

La consciencia grupal puede ser desarrollada al adherirse a los siguientes ocho principios:

1. **Los miembros del grupo deben aprender el valor del respeto y deben practicarlo mutuamente.** A menos que las per-

sonas en un grupo se respeten mutuamente, no puede existir un grupo real. El respeto debe estar presente en la conducta, palabras, sentimientos y pensamientos de cada persona hacia los demás miembros del grupo. Esto es verdad incluso en el grupo de la familia. Si los miembros de una familia no se respetan mutuamente, no habrá familia.

¿Pero cómo se puede respetar a otra persona? La respuesta es: viendo el gran valor o potencial en ella y manteniendo una relación especial con ella, basada en el reconocimiento de ese gran valor. El no tener respeto entre los miembros del grupo es como tener un muro de piedra construido sin cemento. Una familia o un grupo, existe y crece solamente cuando los miembros se respetan mutuamente.

2. **Los miembros del grupo deben promover una meta común.** Si la meta es clara en las mentes de los miembros, tendrán mejor comunicación el uno con el otro y cooperarán más inteligentemente. La meta debe ser el eje del grupo, alrededor de la cual los miembros deben organizar sus vidas y actividades.

Algunos miembros tratan de adaptar la meta grupal a sus propios intereses y tratan de usarla buscando ventajas personales y separatistas. Esto ilustra cómo las tensiones y los problemas empiezan dentro de un grupo, cuando ciertos miembros tratan de imponer sus metas individuales sobre las del grupo.

La meta grupal demanda que cada miembro renuncie a sus metas individuales o por lo menos no fuerce sus metas particulares sobre el grupo. El director de una orquesta demanda que todos los músicos toquen su parte en la sinfonía, la cual es la meta de la orquesta. ¿Pero qué sucederá si algunos músicos tocan su propia música en la orquesta?

Para ser parte de la consciencia grupal, los miembros deben renunciar a las actividades, sentimientos y pensamientos que no sean apropiados a la meta común del grupo.

3. **Los miembros del grupo deben tratar de trabajar en armonía mutuamente, promoviendo la meta grupal y las metas de los miembros individuales que no contradicen a la meta grupal.** Por ejemplo, la meta de un cierto grupo es reunir cinco millones de dólares. Supongamos que en ese grupo hay miembros quienes aspiran a ser ricos. Promover, alentar y aconsejar a estos miembros sobre cómo hacer más dinero no contradice la meta grupal, porque, si estos miembros alcanzan su meta y tienen más dinero, ellos beneficiarán al grupo donando más dinero para el grupo y por lo tanto ayudándole a alcanzar sus metas.

Mientras más prósperos son los miembros de un grupo, más próspero será el grupo. De esta forma, el ayudarse mutuamente a alcanzar las metas individuales no contradice el interés de la meta grupal, siempre que las metas individuales no sean contradictorias con la meta grupal.

Cuando las metas grupales e individuales concuerdan entre sí, entonces, a medida que el individuo alcanza su meta, así también lo hace el grupo. Conforme el ingreso individual aumenta, el ingreso grupal también aumenta. En la medida que el grupo se hace más rico, los miembros también se hacen más ricos.

Conforme la abundancia de sabiduría, amor, solemnidad, pureza y belleza aumenta en el grupo, todos comparten la abundancia grupal. Todos se sienten satisfechos. Es imposible promover la meta grupal a menos que le sea dada la prioridad, y se mantenga en estima superior a las metas individuales.

En algunos casos puede ser necesario para los miembros subordinar sus metas individuales y dedicarse totalmente a las metas del grupo. De esta forma el grupo alcanza su meta y provee condiciones para que el individuo alcance aquellas metas personales que no contradicen la meta grupal.

4. **Los miembros del grupo deben proteger el grupo y a sus miembros de ataques y peligros.** Esto deviene en consciencia grupal, progreso, integridad e influencia para el grupo.

Estando en el ejército, estábamos una vez junto con otros dos compañeros en una misión muy peligrosa. Cada uno de nosotros era un especialista en un aspecto de la misión. Estábamos muy ansiosos por protegernos mutuamente porque nuestra supervivencia individual dependía de la supervivencia de los otros. Si uno de nosotros se perdía, los otros dos tendríamos muchas dificultades para sobrevivir y cumplir nuestra misión. Así que frecuentemente nos preguntábamos uno a otro: «¿Comiste bien? ¿Dormiste bien? ¿Te sientes sano? ¿Cómo está tu energía?» y cosas similares. La más ligera queja de alguno de los miembros nos causaba una profunda ansiedad. Nuestro principal interés era protegernos mutuamente.

Ésta es la forma como una familia, un grupo, una nación y una humanidad deben aprender a actuar. La consciencia grupal puede crecer solamente cuando la persona empieza a arriesgar su vida para poder proteger a los demás miembros del grupo.

Hace billones de años el desarrollo progresivo de la consciencia empezó en una célula, cuando ésta fue consciente que su propia supervivencia y bienestar aumentaban si se unía con muchas otras células hacia una meta común –eventualmente creando un cuerpo humano.

En un cuerpo humano, diversos grupos están en funcionamiento. Por ejemplo, el sistema nervioso es un grupo; las glándulas forman un grupo; el sistema sanguíneo es otro grupo; el sistema linfático es incluso otro grupo. El hombre es una entidad en la que todos estos grupos trabajan en armonía, porque han aprendido que el trabajar en armonía unos con otros por una meta unida expande su consciencia y ayuda a su supervivencia bajo condiciones adversas.

La enfermedad es una señal de desarmonía entre un grupo y el resto. Cuando cualquier grupo es afectado por la enfermedad, los otros grupos tratan de ayudarle a recuperarse porque ellos saben que la supervivencia de la totalidad depende del bienestar del grupo que está enfermo.

La humanidad es como el cuerpo humano, pero por siglos ha fracasado en ver esta condición tan básica de la vida y no ha trabajado para la unidad, la cooperación y la armonía. Una nación piensa solamente en ser un «estómago», para «comerse» al resto del cuerpo sin comprender que su propia supervivencia depende de la totalidad del cuerpo. Si a esa nación se le preguntara por qué quiere comerse al resto, ella respondería: «por mi propia supervivencia».

¿Qué sucedería si repentinamente todas las células en el cuerpo decidieran dejar el «grupo» y dispersarse por todos lados? Pues la persona ya no tendría más un cuerpo. No existiría como un cuerpo. Aquí aprendemos que la existencia significa unirse, desarrollar consciencia grupal y cooperar, armonizar e incluso renunciar a nuestras propias metas y sacrificar los intereses separatistas por el bien del grupo en su totalidad.

Uno debe pensar por qué la humanidad ha sufrido a través de las eras. La respuesta es clara: el grupo humano y sus miembros individuales han estado rompiendo la Ley de Consciencia Grupal, y en vez de ello han actuado por intereses separatistas. Las personas actúan en contra de la Ley de Consciencia Grupal chismorreando y calumniándose mutuamente, usando malicia y traición, y tratando de explotarse o aniquilarse mutuamente. Esto significa que las personas están trabajando en contra de su propia supervivencia, en contra del proceso de formación de la consciencia grupal.

5. **Los miembros del grupo deben fomentar y evocar el esfuerzo para desarrollar potenciales mayores en cada uno.** Su-

pongamos que cinco personas quieren construir un templo con sus propias manos. Se reúnen para discutir la construcción y determinar que necesitarán un ingeniero, albañiles, carpinteros, plomeros, y electricistas para poder hacer el trabajo. Cada uno de ellos debe entonces aprender una habilidad específica, ganar más experiencia, y luego empezar a construir el templo. Cuando ellos aprendan sus habilidades necesarias y trabajen armoniosamente el uno con el otro, verán cuánto se necesitan mutuamente para realizar el trabajo.

En el futuro veremos cómo aquellos grupos que no favorecen el desarrollo de la consciencia grupal se convierten en obstáculos en el sendero de la humanidad y hacen que alcanzar metas mejores para ésta sea más difícil. Cada ser humano, grupo y nación debe ayudar a los demás a ser más eficientes, más prósperos e iluminados, para que la humanidad –que es el cuerpo de todas las agrupaciones– alcance su meta suprema: el cultivo de la consciencia global.

De esta forma, cada miembro del grupo debe alentar a los demás a ser algo más que lo que ellos son en el presente, aumentar su belleza, convertirse en más, y contribuir con esa belleza al grupo.

Una vez un grupo en Asia envió a veinticinco de sus niños a Londres para aprendizaje superior. Años más tarde, estos niños regresaron como doctores, abogados, ingenieros, artistas y otros profesionales, trayendo gran riqueza y dignidad al grupo.

El principio básico de la consciencia grupal es ayudar a elevar e iluminar a las demás personas para que ellas a su vez le eleven y le iluminen a usted.

6. **Los miembros del grupo deben aprender a ser tolerantes y a perdonar a los demás miembros del grupo, dándoles la oportunidad de adaptarse al trabajo del grupo.**

No es nuestro deber condenar a un miembro arrogante, testarudo, perezoso y chismoso quien está lleno de estos vicios. En vez de ello, debemos encontrar formas y medios para traer a la persona a sus sentidos de modo que desarrolle sus virtudes superiores. De esta manera el grupo aumenta en vez de decrecer. La calumnia, la malicia y el odio son comúnmente usados en contra de un miembro que todavía no sigue las demandas de la consciencia grupal. Debemos ayudarle a recuperarse, comprender y aprender cómo cooperar. Esto puede realizarse usando el espíritu de tolerancia y perdón, hasta que llegue el momento en que el miembro sea totalmente «digerido» por el grupo y asimilado dentro de la consciencia grupal.

Si uno de sus brazos está dolorido, usted no lo corta, sino que tiene mayor cuidado con él –a menos que vea que no «encaja» en el cuerpo. Algunas veces la «cirugía» es el trabajo más doloroso a realizar por los líderes grupales. Una nueva oportunidad debe ser siempre dada a aquellos que actúan en contra de los principios de la consciencia grupal –a menos que ellos estén conscientemente en el grupo para socavarlo y destruir su labor.

Un grupo sano algunas veces descarta automáticamente a estos miembros destructivos y después de esta expulsión gana mayor salud y poder. Se observa que las personas enfermas no pueden «respirar» en los grupos sanos, y por diversas razones dejan el grupo.

No debemos pensar que todos quienes dejan un grupo son malas personas. Algunas veces las personas dejan un grupo para encontrar uno más adecuado a su propia naturaleza. Estas personas pueden darse cuenta por sí mismas si fueron arrojadas por la energía del grupo, o eligieron dejar el grupo para una oportunidad mayor de progreso. Esto se puede hacer observando su propia integridad, belleza y solemnidad en sus nuevas relaciones. Si ellas se han hecho menos esforzadas, menos felices, menos útiles, menos bellas –o especialmente si han caído en la traición y en actividades oscuras– ello significa que el grupo anterior los descartó como ramas secas del árbol.

La tolerancia y el perdón construyen amigos y co-trabajadores si estas virtudes se usan inteligentemente y en las dosis correctas. Antes de condenar a alguien más, es conveniente comprobar qué cosas en usted mismo necesitan ser «condenadas». Es importante ayudar a las personas a entrar en el ritmo del grupo para que se haga más rítmico y eficiente.

Frecuentemente las personas necesitan mantenerse alejadas de cierto grupo por muchas razones, pero no debe olvidar que el desarrollo y el progreso son solamente posibles en el trabajo grupal, en la cooperación y la disciplina.

7. **Los miembros del grupo deben cultivar la sensibilidad más profunda para darle dirección al grupo, a la luz de la meta grupal.** Esto es un punto extremadamente importante.

Ante todo, aclaremos que cualquier liderazgo verdadero no ejerce fuerza para sensibilizar a los miembros. En vez de ello, el liderazgo usa el principio de libertad y trata de educar a las personas en relación a la importancia que tiene la sensibilidad hacia el liderazgo grupal.

Si una persona desea mover su brazo y sus dedos y ellos no obedecen, significa que está gravemente enferma. El «capitán» en una persona o un grupo debe tener el poder para conducir, guiar, aconsejar e incluso disciplinar, usando los principios de educación, guía y libertad, pues de otra forma la persona o el grupo se desintegrará y se desvanecerá.

Llamamos «caos» a la situación en que los elementos de una totalidad mayor no están en armonía mutuamente y son inconscientes del comando central. Desafortunadamente, las personas no pueden comprender que la democracia no significa anarquía. La real democracia puede ser lograda únicamente cuando se haya desarrollado el sentido de responsabilidad y de consciencia grupal. Una democracia real es una sinfonía en la que cada nota tiene su ubicación, libertad, labor y ritmo correctos.

Hace mucho tiempo, aprendí en un monasterio a desarrollar la sensibilidad aguda hacia mi maestro. Sabía exactamente cuando él necesitaba una copa de agua, cuándo necesitaba un lápiz y papel, cuándo quería ir al jardín o comer algo. A partir de su voz, expresión facial y comportamiento sutil, yo sabía verdaderamente lo que él quería. Era tan sensible que algunas veces podía casi escuchar sus pensamientos y hacer las cosas por él antes de que pudiera pedirlas.

Los ojos de mi maestro tenían un lenguaje especial, el cual aprendí. Ciertas miradas significaban que debía comportarme; otras miradas significaban: «Sé cuidadoso», «Estate alerta», o «Tú puedes hacerlo, si te atreves» y «Detente», «Dale una oportunidad», «Estoy decepcionado, pero aún tengo esperanza»; y así sucesivamente. Debido a mi desarrollo de la sensibilidad, fui ascendido a una edad temprana.

La sensibilidad nos conduce a niveles superiores de consciencia, donde podemos dar incluso un servicio mayor para el grupo. Por supuesto, no nos estamos refiriendo al servilismo. Un líder verdadero evita el desastre del servilismo por todos los medios. En vez de ello, ayuda a desarrollar buena disposición, sensibilidad y discriminación verdadera en los miembros.

Cuando hablamos de liderazgo, las personas frecuentemente piensan en aquellos quienes están a cargo de un grupo. En realidad, el liderazgo es una meta, un Plan y un Propósito presentado por algunos líderes para el bienestar de todos.

8. **Los miembros del grupo deben incrementar la alegría de los demás miembros en el grupo.** Si nuestras acciones y palabras causan alguna aflicción, dolor, sufrimiento o pena a los de-

más, debemos abstenernos de tales acciones. Ellas complicarán nuestra vida y nos conducirán hacia el separatismo, egoísmo, vanidad y depresión. Cada miembro del grupo debe examinarse a sí mismo preguntándose: «¿Cómo puedo pensar, cómo puedo hablar, cómo puedo comportarme para que aumente la alegría de los demás miembros?».

Es solamente en una atmósfera alegre que las grandes labores se realizan y la consciencia grupal se desarrolla. La alegría atrae impresiones e inspiraciones superiores desde esferas elevadas de luz. La alegría aumenta a medida que cada miembro del grupo cumple sus responsabilidades y está libre de sentimientos de culpa por los errores cometidos.

2

CONSCIENCIA Y CONSCIENCIA GRUPAL

La consciencia es el percatarse de los demás. La consciencia grupal es el percatarte de tu Ser verdadero, el cual existe dentro de los demás, y del Ser verdadero de los demás que existe dentro de ti.

¿Qué queremos decir por los «demás?». «Los demás» se refiere a tus cuerpos físico, emocional y mental; a tu familia y a tu nación; así como a toda la Naturaleza, al planeta, el sistema solar, la galaxia y el Cosmos.

La consciencia es el darse cuenta de la existencia de «otros». Pero la consciencia grupal es el darse cuenta de la existencia del Ser Uno en todos estos «otros».

Algunos tienen la ilusión de que al hacer que las personas simplemente se junten, se forma un grupo. Sin embargo, la mayoría de las personas no están preparadas para ser miembros de un grupo real. Necesitan un largo período de sufrimiento y dolor para romper sus cristalizaciones y tendencias de aislarse a sí mismos.

Estar cristalizado significa estar adherido a formas caducas de pensamiento, de ser, de sentimiento y de hacer. Una persona cristalizada debe experimentar las curaciones de la Naturaleza para aliviar su malestar. La Naturaleza tiene muchas formas diferentes para iniciar a estas personas dentro de una esfera mayor de consciencia. Una de estas formas es hacer que la persona cristalizada entre en contacto con una persona avanzada. Ésta última es frecuentemente difamada y calumniada en un inicio por la persona cristalizada. Sin embargo, el resultado es que la persona avanzada empezará a orar y a pensar pensamientos elevados sobre el calumniador, y así le da a este tipo de persona suficiente combustible para hacerle progresar. Por supuesto, tal transformación no ocurre de la noche a la mañana y puede atravesar muchas fases dramáticas.

Otra forma en que la cristalización se rompe implica que la persona sea obligada a confrontar muchos problemas que solamente pueden ser solucionados teniendo una actitud progresiva.

Aún otra forma ocurre cuando la persona cristalizada encuentra eventos difíciles tales como perder un ser amado o contraer una enfermedad incurable, y la persona debe empezar a buscar formas para confrontar estas pérdidas y así empieza a cambiar.

En una cuarta forma, la persona es obligada por diversas situaciones de la vida a aconsejar a los demás sobre los beneficios de ser abierto y progresivo, y por lo tanto aprende todo lo que les está enseñando.

Estas son formas con las cuales la persona madura y aprende lo que significa pensar de una forma progresiva y tener una consciencia en crecimiento.

Las personas no pueden ser obligadas a adquirir consciencia grupal o a ser miembros de un grupo. Cuando las personas son obligadas a formar grupos o a ser miembros de grupos, se convierten en interminables dolores de cabeza para la comunidad. Todo candidato para un grupo debe madurar antes de que se convierta en miembro, porque si no está preparado, en la medida en que el grupo extrae todos sus vicios dormidos a la superficie, él se ahogará con la inundación de esos vicios.

La sabiduría más importante a enseñar a la humanidad es la ciencia de la consciencia grupal, empezando con nuestros niños en las escuelas elementales y luego en las escuelas superiores, colegios y universidades, grupos, iglesias y naciones. Es la ciencia de la consciencia grupal la que preparará a las personas para la paz, la armonía y la cooperación universales.

Una vez, diez muchachos me fueron asignados para construir un muro de piedra. Empezamos usando cemento para sostener las piedras juntas apropiadamente. Pero conforme el día avanzaba y aprendimos cómo encajar las piedras una sobre otra, vino a mí la idea curiosa que no necesitábamos el cemento y podíamos elevar el muro más rápidamente si solamente poníamos las piedras una sobre otra sin usar cemento. Desafortunadamente, los muchachos estuvieron de acuerdo conmigo.

El muro creció más alto y más alto –pero repentinamente, con un enorme estrépito, colapsó. El Maestro vino y preguntó: «¿Qué sucedió?». La única respuesta lógica fue: «se derrumbó».

Si la raza humana no aprende la ciencia de la consciencia grupal y la aplica para construir una humanidad, entonces se derrumbará y desaparecerá de este mundo.

Aquellos quienes son seres humanos de consciencia grupal tienen grandes dificultades para funcionar en «grupos» que son separatistas, cuyo propósito único es explotar a las demás personas. En el futuro, los discípulos estarán preparados para servir a estos grupos destructivos de maneras especializadas e introducirán consciencia grupal dentro de estos grupos sin crear reacciones violentas. Esto será posible si los discípulos aprenden cómo comunicarse con las almas de las personas en vez de comunicarse con sus personalidades.

En cada ser humano está la presencia de la Consciencia Divina enterrada bajo montones de espejismos, ilusiones y vanidad. Pero es posible llegar a esa divinidad e invocarla a la expresión –si la clave correcta se encuentra. Las personas que pueden hacer esto están altamente cargadas con compasión, voluntad de sacrificio, tolerancia e inclusividad infinita. Los mecanismos de estas personas evocan reacciones de todos aquellos que tienen dentro de ellos elementos relacionados con el odio, ira, miedo, celos, avaricia, venganza y traición.

Estas personas vienen al mundo con la intención de salvar y servir; nada más importa para ellos. La consciencia grupal es tan clara e intensa en sus corazones que ellos trabajan en absoluto olvido de sí mismos, en inofensividad y correcta palabra. Por supuesto, se ven rodeados y vigilados por traidores, pero el escudo de su amor y el espíritu de sacrificio les protegen de la malignidad, hasta que el tiempo llega para partir a los Reinos Superiores para labores más importantes.

Estos héroes transforman no solamente a los individuos y a los grupos, sino también a las grandes masas de personas, y pavimentan el camino para el progreso futuro. Ellos son co-trabajadores del Altísimo.

3

EL GRUPO Y LA META COMÚN

Los miembros de todo grupo deben tener una meta en común. Cinco factores están involucrados en esto:

1. Se conocen a sí mismos.
2. Se conocen mutuamente.
3. Saben cuál es la meta común.
4. Saben cómo alcanzar esa meta.
5. Se apoyan, alientan y se motivan mutuamente para alcanzar esa meta.

Si estos cinco factores no están en funcionamiento, no existe un grupo. La consciencia grupal se desarrolla alrededor de estos cinco factores, es decir, si ellos se conocen mejor a sí mismos, tienen mayor consciencia grupal; si se conocen mejor mutuamente, su consciencia grupal mejora; si conocen mejor su meta, la consciencia grupal se desarrolla; si conocen mejor cómo alcanzar su meta, la consciencia grupal se desenvuelve; y si se apoyan, alientan y motivan mutuamente, su consciencia grupal se expande más y florece.

Si los miembros de un grupo quieren cambiar la dimensión o el plano de su consciencia grupal, deben elevar las metas grupales. Por ejemplo, una meta que es física en su naturaleza debe ser elevada a una meta emocional, luego a una meta mental, Intuicional y Átmica, o a metas nacionales, globales y solares, y así sucesivamente. A medida que el grupo eleva el nivel de sus metas, los miembros del grupo necesitan tener más información y una comprensión más profunda relacionada al plano sobre el cual están operando. Si operan en el plano físico, deben conocerse a sí mismos, tal como ellos son, en el plano físico. Cuando funcionan en el plano emocional, mental o Intuicional, deben conocer exactamente lo que ellos son en esos planos.

Lo mismo se aplica a los demás factores relacionados con tener una meta: los miembros deben conocerse mutuamente en el plano en el que trabajan; deben conocer cuál es su meta en ese plano; deben conocer cómo alcanzar la meta en ese plano, y deben apoyarse, animarse y motivarse mutuamente para alcanzar la meta en ese plano. A medida que penetran en un plano después de otro, o desde un campo a un campo mayor, ellos encaran un desafío dual:

1. Conocer más, ser más, trabajar más.
2. Expandir más su consciencia para poder mantener el paso, el uno con el otro.

Una segunda fase de expansión empieza cuando un grupo se fusiona con otro grupo en integración y cooperación, basados sobre los cinco factores dados anteriormente.

Sin embargo hay aún otro paso hacia delante en el desarrollo de la consciencia grupal. Aquí, un grupo se alinea con otro grupo que tiene la misma meta y está trabajando en el plano astral, mental, Intuicional y Planos Superiores, para poder actualizar la meta simultáneamente en todos los planos. Esto es un gran logro; en esta etapa el grupo se ha convertido en una entidad viviente.

Vemos que la consciencia de un individuo y de un grupo lentamente se expande en la medida que la persona o grupo funciona en planos cada vez más elevados, ejerciendo mayor creatividad, disciplina, sensibilidad y puntualidad en los planos sucesivamente superiores.

Conforme el grupo crece y se hace más fuerte, atrae una mayor oposición de las fuerzas del caos. Estas fuerzas, a través de sus agentes, querrán destruir al grupo haciéndolo egoísta, auto-interesado y separatista. Sin embargo tales oposiciones funcionan bajo una ley, la Ley del Karma. La oposición primero prueba la integridad del grupo y le hace más fuerte. Segundo, atrae personas y materiales no purificados al grupo que luego son asimilados dentro de la entidad grupal. De esta forma, la oposición ayuda al grupo a crecer, a prestar un mayor servicio y a estar más vigilante y alerta en todas sus facetas y en todas sus actividades.

Debemos recordar que el grupo encontrará mayor oposición en la medida que asciende a niveles más elevados, y es esta oposición que sacará del corazón del grupo energías más profundas y creativas. El propósito de la evolución es desarrollar grupos con una consciencia siempre mayor.

Podemos preguntarnos cuáles son las diferencias entre los grupos que son destructivos y los grupos que son constructivos y creativos. Básicamente, hay solamente dos diferencias: en sus metas y en su habilidad para vincularse con grupos superiores en planos superiores.

Los grupos destructivos no pueden elevarse a sí mismos a ningún plano más allá del plano mental inferior, mientras que los grupos constructivos pueden eternamente avanzar hacia adelante, plano tras plano. Mientras los grupos destructivos se usan mutuamente como fuentes de alimento y se alientan para poder aumentar la obscuridad, el crimen y las divisiones, los grupos creativos se nutren de visiones superiores y fuentes superiores de energía.

Las metas de los grupos destructivos están basadas en el auto-interés. Las metas de los grupos constructivos se basan sobre el interés grupal, el bienestar grupal y los logros grupales.

Los grupos destructivos operan usando el dolor, la tiranía, el sufrimiento, el asesinato, el separatismo, la vanidad y el ego –ignorantes de la divinidad ulterior que existe dentro de todos. Los grupos constructivos funcionan con alegría, devoción, amor, libertad, unidad e iluminación, conscientes de la divinidad común del Ser Uno que existe dentro de todo.

Los grupos reales –grupos constructivos– son más difíciles de formar que los grupos destructivos. En la formación de un grupo real, cada individuo debe tener consciencia del alma. Un grupo real es como un anillo que tiene muchos diamantes. Cada diamante debe ser cortado y pulido al más alto grado posible para encajar con los demás. Los miembros de un grupo real deben estar altamente desarrollados para ser capaces de formar parte de ese grupo.

El desarrollo de la consciencia grupal es un proceso científico. Una ciencia especial será desarrollada en el futuro para guiar y educar a las personas en este proceso.

Algunas personas piensan que avanzar en la consciencia grupal significa perder su individualidad. Esto es una gran ilusión. La individualidad verdadera nace solamente cuando la persona renuncia a sus seudo-yoes, sus máscaras e imágenes cosméticas y artificiales. El progreso hacia la consciencia grupal es un proceso en el cual te liberas de las acciones mecánicas y en vez de ello, te haces una persona más consciente, una persona quien controla su propia vida.

A medida que uno encuentra su individualidad, se da cuenta que el Núcleo de todos los individuos en esencia es uno –el Ser Uno. Es esta toma de consciencia que inspira el esfuerzo hacia la consciencia grupal. Es solamente en la consciencia grupal que el individuo encuentra su Ser verdadero.

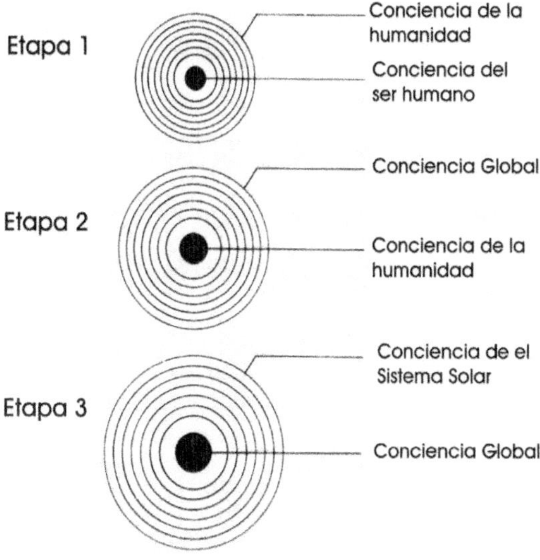

Diagrama A - Conciencia Inclusiva

A medida que el campo de consciencia se expande, cubre áreas más grandes de consciencia. Conforme el campo de consciencia de la persona se expande, incluye en su consciencia muchos campos individuales de consciencia –y su pensamiento incluye campos que van siempre en aumento. (Ver diagramas A arriba y B más abajo).

Diagrama B - Conciencia Grupal e Inclusiva

Una cualidad importante en la consciencia grupal es el elemento de sacrificio o renuncia. La consciencia grupal se desarrolla paso a paso. Al dar un paso, la persona debe recoger el pie del sitio donde estaba apegado y avanzar hacia un nuevo lugar, a una nueva integración. Por ejemplo, en el primer paso trabajas sobre ti mismo y te conviertes en una piedra sagrada para ser usada en el templo futuro. En el segundo paso renuncias a tu egoísmo, a tu vida auto-enfocada y empiezas a integrar tu interés con los intereses del grupo. En el tercer paso renuncias a los intereses del grupo y te unes con los intereses de grupos mayores. En el cuarto paso renuncias a los intereses grupales mayores y empiezas a integrarte con los intereses nacionales. En el quinto paso renuncias a tus intereses nacionales separatistas y te integras con los intereses globales.

A cada paso renuncias porque ves que tus intereses reales sólo pueden ser protegidos y desarrollados al unirse con intereses de grupos cada vez mayores.

Mayor inspiración le es dada a aquellos que se han integrado con grupos mayores, aquellos que tienen metas más elevadas por lograr. Compara, por ejemplo, una bellota con un enorme árbol de roble. La bellota es una acumulación de millones de co-trabajadores: átomos, químicos y elementos de la tierra y el aire, que se convertirán en un árbol de roble con miles de ramas y hojas –y bellotas. Una bellota se esfuerza por ser un roble para multiplicarse a sí misma. Si permanece como una bellota individual y no se asocia y desarrolla una mayor unidad, una mayor consciencia grupal, permanecería exactamente como está. Sin embargo, a causa de su esfuerzo hacia su propia y particular «consciencia grupal», efectivamente se multiplica y se hace capaz de producir bellotas individuales como semillas para grandes grupos en el futuro.

Pasos adicionales para desarrollar la Consciencia Grupal

Podemos construir consciencia grupal a través de los siguientes pasos:

1. Trata de hacer felices a los demás sin permitirles que tomen ventaja de ti.

2. Trabaja para el mejoramiento, salud, prosperidad y felicidad de los miembros de tu familia, usando la dedicación y el sacrificio.

3. Aumenta tu amor por los miembros del grupo. No transmitas chismes acerca de ellos ni los calumnies. Habla respetuosamente y muy bien sobre ellos. Haz todo lo posible para hacerles felices, sanos, prósperos e iluminados.

4. No cometas traición en contra de ningún miembro.

5. Dedica tu tiempo, dinero y esfuerzos en hacer que el grupo sea capaz de prestar un servicio mejor.

6. Desarrolla interés en los asuntos de tu nación. Entérate de sus problemas y ve cómo puedes estar involucrado constructivamente.

7. Desarrolla interés en los asuntos de todas las naciones y ve cómo puedes promover la paz en el mundo, la cooperación entre naciones y las correctas relaciones humanas entre todas las personas en el mundo.

8. Trata de contactar con tu Alma a través de la meditación, porque tu Alma es consciencia grupal.

9. Piensa diariamente sobre el Ser Uno de Quien todas las cosas proceden y a Quien todas las cosas retornan.

10. Cultiva buena disposición para satisfacer la necesidad grupal. La buena disposición es un estado de ser en el cual tienes el conocimiento necesario, las habilidades, la energía y las virtudes para satisfacer la necesidad grupal.

Las personas inteligentes no son perezosas. Las personas perezosas solamente esperan una oportunidad para ser acarreadas por el grupo. Las personas inteligentes se preparan a sí mismas y crean oportunidades para el servicio. Cada persona debe esforzarse para desarrollar mayor eficiencia para satisfacer las necesidades siempre mayores y siempre en aumento de un grupo en progreso. Todo lo que se detiene entra en un proceso de descomposición y estancamiento.

En el futuro, la grandeza de los individuos, grupos y naciones será medida por sus esfuerzos hacia una unidad y síntesis mayores a través de la consciencia grupal. Los héroes más grandes serán aquellos que traigan la unidad y la síntesis y con ello aniquilarán la pesadilla de la sangre, la guerra y el sufrimiento de la humanidad, la cual ha continuado era tras era en este planeta.

Cuando la consciencia de la persona se expande, se experimenta:

- Mayor salud.
- Mayor felicidad.
- Mayor prosperidad.
- Mayor comprensión.
- Mayor fuerza y poder.
- Un período de vida más largo.

La consciencia grupal capacita a la persona para que florezca y contribuya con las necesidades de la humanidad. En la consciencia grupal existe un alma grupal que sincroniza las acciones de todos los individuos y los dirige hacia el propósito grupal.

A medida que consideras las cualidades de la consciencia grupal, piensas seriamente en lo siguiente:

1. *Así como una célula es parte de diversos órganos del cuerpo y luego es el cuerpo, similarmente, la persona es un miembro de un grupo, desarrolla consciencia grupal, y luego es el grupo.*

Un miembro del grupo debe desarrollar consciencia grupal a tal grado que sienta los dolores, penas, fracasos, alegrías y éxitos de los demás como si fueran los propios. Los diplomas, la posición social, la influencia y la riqueza tienen valor solamente si la persona puede ser una parte consciente de un grupo que ha desarrollado consciencia grupal.

Diversas especies, razas y tribus se han desvanecido de la Tierra porque en algún momento, de algún modo, desobedecieron la Ley de Consciencia Grupal. La Naturaleza recicla, eliminando todas aquellas formas que no progresan adecuadamente hacia la consciencia grupal.

Un grupo es creado por una gran razón –para construir unidad y síntesis a través de asimilar elementos nuevos y causar la liberación de sus posibilidades innatas. Los individuos deben formar grupos y los grupos deben formar grupos más grandes, hasta que todos los grupos sean la humanidad una, habiendo desarrollado consciencia global.

De esta manera, el dolor, el sufrimiento y la destrucción futura pueden ser eliminados de nuestro planeta. Todos los recursos del globo podrán ser entonces usados para conducir a la humanidad a estados aún más altos de consciencia.

2. *La eficiencia y el crecimiento individual son imposibles sin el desarrollo de la consciencia grupal y sin actuar como una parte de la consciencia grupal, como si fueras una rama de un árbol viviente.*

Si la célula en el cuerpo permaneciera como célula separada, no compartiría las emociones, pensamientos, visiones, revelaciones, alegrías y éxtasis del «capitán». Similarmente, si la persona permanece como una persona separada, si trata de permanecer alejada, no compartirá la alegría, entusiasmo, labor, esfuerzo, belleza, emociones, pensamientos y visiones del grupo o nación. Permaneciendo sola, la célula o la persona será privada de mayor labor, y perderá la oportunidad de desarrollar la consciencia grupal –que es su destino a desarrollar.

En la medida que la célula comparte las actividades y emociones, pensamientos y visiones de la totalidad mayor, se desarrolla, progresa y entra en el sendero de perfección. Sin embargo si permanece aislada, degenera y se desvanece. Lo mismo es verdad para la persona individual.

Uno puede preguntarse por qué existe la tendencia en la Naturaleza de producir grupos y consciencia grupal. Esto se debe a que el Ser Uno está tratando de manifestarse a través de todas las partes de la creación, sintetizando y unificando las partes dentro de Su esfera de Propósito. El Ser Uno gradualmente se revela a Sí Mismo en toda la manifestación como la Entidad Una –de la misma manera en que el Espíritu del hombre trata de reunir células y átomos para construir los diversos cuerpos a través de los cuales revela Su gloria.

Cristo se refirió a las ideas de revelación y unidad cuando dijo: «Soy la viña verdadera, y mi Padre es el viñador. Él elimina cada una de mis ramas que no dan fruto, y Él limpia y poda cada rama para que puedan dar frutos más abundantes y mejores… y toda rama marchita será acumulada y arrojada al fuego donde será quemada».[1] Una rama no da fruto cuando, en un momento desafortunado, decide no ser ya parte del árbol viviente. Después de que la rama se separa del árbol, Satán se hace cargo y hace que la rama sea tan seca como sea posible para ser usada en el fuego.

3. *Las relaciones grupales progresivas y en aumento desarrollan diversas partes del ser de la persona, ayudándole a ser más eficiente.*

4. *La calidad grupal coloca sobre la persona diversos grados de responsabilidad. Es solamente en el compromiso de sí mismo*

1. *Juan* 15:1-3, 6.

con la responsabilidad que la persona ayuda a su alma a lograr la perfección.

La consciencia grupal trabajará a un nivel nacional cuando diversas secciones o partidos de esa nación estén dedicados al mayor bien supremo de la nación. La consciencia grupal funcionará en la humanidad cuando todas las naciones mantengan el interés de la humanidad por encima de cualquier interés nacional.

Más tarde, esta consciencia de una humanidad unificada se fusionará con la consciencia de la Jerarquía Divina y de Shamballa, y luego con la consciencia global, solar y galáctica –tal como un pequeño negocio se convierte en una enorme corporación global.

Finalmente comprenderemos que es más ventajoso estar identificado como miembro de una familia que como una sola persona; como parte de un grupo que simplemente como una familia; como una nación más que sólo como un grupo; como una humanidad más que como una nación.

4

LA LEY DE COOPERACIÓN

La cooperación es una ley Cósmica, funcionando en el Universo para llevar a cabo la construcción de todas las formas-vidas y conducirlas a su propósito final. Es la ley de creatividad, evolución y logros.

Se nos ha dicho que esta ley funciona en cada plano para cada forma de vida, individualmente y para todos los planos colectivamente, relacionando cada forma-vida a las demás y a su colectividad y contrapartes superiores. Esta ley funciona como el instinto de supervivencia, como afinidad y relación, y gradualmente como un proceso de cooperación consciente.

La Ley de Cooperación enciende el fuego en cada átomo, célula, forma-vida; en cada ser humano, grupo, nación; y en cada estrella. Permite a cada forma avanzar hacia el establecimiento de la cooperación en campos expandidos de consciencia, para asegurar la supervivencia individual y grupal de cada entidad, y para liberar el potencial inherente en cada uno de ellos.

La Ley de Cooperación es la ley de existencia, salud, felicidad, prosperidad, iluminación y seguridad. Toda forma de destrucción o desintegración es causada por el retiro de la Ley de Cooperación. El odio, la animadversión, el separatismo, el egoísmo y la avaricia son señales de degeneración y de la ausencia de la Ley de Cooperación.

La Ley de Cooperación puede ser activada o rechazada. El rechazo de la Ley de Cooperación resulta en sufrimiento, dolor y muerte. Para los individuos, grupos y naciones, el estudio y la aplicación de esta ley es vital.

La historia debe ser examinada desde el punto de vista de la existencia y operación, o de la ausencia de la Ley de Cooperación. Todos los progresos tienen lugar, todas las grandes culturas y civilizaciones nacen a través de la respuesta a la Ley de Cooperación. A la inversa, la miseria, el dolor, el sufrimiento, el derramamiento de sangre, la destrucción y la muerte vienen a nosotros como el resultado de la ausencia de cooperación.

El aprendizaje de la Ley de Cooperación y su aplicación en nuestra vida individual –en el hogar, en nuestra familia, oficina, grupo o iglesia– o en nuestra vida nacional e internacional, traerá prosperidad, salud, felicidad y expansión de consciencia para cada uno de nosotros individualmente, como también para todos aquellos relacionados con nosotros. Al estudiar la historia de la vida de los individuos, grupos y naciones, claramente se muestra cómo el avance de estas unidades ha sido el resultado de la cooperación.

¿Con qué específicamente deberíamos cooperar? Aquí hay algunas sugerencias:

- Cooperación con la Ley misma.
- Cooperación con fuerzas y energías del Universo.
- Cooperación con la Naturaleza y Sus leyes.
- Cooperación con los reinos subhumanos o superhumanos.
- Cooperación con el mundo de ideas, visiones y revelaciones.
- Cooperación con individuos, grupos y naciones.
- Cooperación con el propio Guía Interno y con nuestro Maestro.
- Cooperación con la sabiduría de las eras.

- Cooperación con la Belleza, Bondad, Justicia, Alegría y Libertad.
- Cooperación con la visión grupal.
- Cooperación con todas las formas de vida y con las corrientes de luz que las hacen creativas.
- Cooperación con las leyes y costumbres nacionales e internacionales.

La Ley de Cooperación no debe ser ejercida para asegurar la propia supervivencia, felicidad, prosperidad y éxito a costa de las demás formas de vida, sino que debe ser ejercida con una visión holística: para asegurar el bienestar, la salud, felicidad, éxito y prosperidad de todas aquellas unidades quienes están comprometidas en la labor cooperativa.

Mientras más coopera la persona, libera más su naturaleza de todos aquellos elementos que le causan infelicidad, dolor y sufrimiento y se fusiona más con el interés grupal, experimentando alegremente la pérdida de su interés personal.

Toda «cooperación» que se desarrolla por auto-interés es solamente una técnica de explotación que llevará a la persona a un conflicto con la Ley de Cooperación. El conflicto con esta ley resultará en fracaso, dolor y sufrimiento.

Todas las visiones sugieren que hay un vínculo entre la vida en el plano físico y el Más Allá. La cooperación es una cuestión de tener visión y de dedicarse a esa visión, junto con todos aquellos que tienen la misma visión o una similar.

Los líderes desarrollan una función muy importante al promover la cooperación y la consciencia grupal. Los líderes deben ofrecer una visión al público y educarles en lo relativo al beneficio de cooperar con aquellos que tienen visiones similares. Si las personas comprenden la gran bendición que la cooperación puede traer, ellas alegremente querrán cooperar. Debe estar claro en las mentes de todos que la cooperación es el camino real hacia la felicidad, salud, prosperidad e iluminación. La ciencia de la cooperación debe ser enseñada a las personas desde la niñez y debe ser mantenida hasta la edad adulta. Debe estar claro para todos que la cooperación es una ciencia que puede reemplazar a la psicología de disputas, antagonismos, luchas, guerras y derramamiento de sangre.

Podemos empezar este proceso escribiendo y hablando sobre esta ciencia, y luego demostrando su valor práctico a través de películas, obras, discusiones y diversas publicaciones. La vida cambiará dramáticamente cuando las personas aprendan cómo cooperar.

Las personas piensan que los líderes no pueden perdurar si no imponen su voluntad. La historia muestra que lo opuesto es lo verdadero. Todos los líderes que trataron de imponer su voluntad sobre los demás desaparecieron bajo condiciones dolorosas. El liderazgo real involucra las técnicas de:

- Desafío.
- Inspiración.
- Educación.
- Iluminación.
- Motivación.

El liderazgo real no usa el miedo para controlar a los demás porque sabe que las personas controladas, reprimidas y forzadas desarrollan graves problemas de salud; pierden su creatividad, eficiencia, alegría y sus fuentes de inspiración. Cuando el líder hace que las personas sean miedosas, enfermas, infelices, enajenadas y deprimidas, no se puede esperar ningún éxito a largo plazo.

Las personas más saludables son las que más duro trabajan. Las personas alegres se comprometen con el trabajo con espíritu de esperanza por el futuro. Mientras más trabajen y cooperen, más eficientes son. Los co-trabajadores deben trabajar en libertad, sin presión. La libertad nos hace más creativos.

El líder que quiere se exitoso nunca ejercerá la fuerza sobre las personas o las hará actuar bajo el miedo. Una compañía de seguros vendió millones de dólares en seguros para las personas usando técnicas que estaban extremadamente cargadas con miedo. Cinco años más tarde, la compañía cayó en bancarrota dado que la mayoría de sus clientes desarrollaron graves enfermedades por las que tuvo que pagar. En el Oriente Medio, a esta técnica se le llama «sentado sobre la rama mientras se asierra desde el tronco».

Hay dos clases de cooperación. La primera clase es la cooperación por auto-interés; la segunda clase es cooperación por el interés de todos. La cooperación por auto-interés termina en fracaso. La cooperación por el interés de todas las partes involucradas trae salud, felicidad, prosperidad y sabiduría para todos. Cuando hablamos de la cooperación, nos referimos a la segunda definición.

La cooperación es inclusividad siempre progresiva para el interés de todas las partes involucradas. Cada vez que fracasamos en establecer la cooperación, probamos nuestro propio fracaso intelectual, espiritual y moral.

Un líder sabio, o un liderazgo sabio, debe tratar de encontrar la forma de cooperar más que de luchar. Los esfuerzos y gastos necesarios para crear cooperación son mucho menos costosos que aquellos que son necesarios para empezar y continuar las luchas. Al tomar una guerra en particular y analizarla de manera imparcial, al encontrar dónde y cómo los líderes fallaron en cooperar y cuánto gastaron en términos de dinero, vidas, edificios y así sucesivamente, descubriríamos cuánto pudo ser ahorrado si se hubieran encontrado las formas y medios para la cooperación.

Muchas críticas han sido escritas sobres las causas y la conducción de guerras. Sin embargo, nadie analiza los incidentes y muestra cuánto mejor hubiera sido si las partes en guerra hubieran llegado a un acuerdo a través de la cooperación antes del comienzo de las hostilidades.

Una pareja casada gastó cincuenta mil dólares en un divorcio. Cinco años más tarde, se volvieron a casar. Se les ocurrió entonces descubrir cuánto hubieran ahorrado si ellos hubieran tomado los pasos para crear cooperación mutua. El costo total en el que se incurrió fue de ochentaicinco mil dólares, sin tomar en cuenta la irritación creciente, la ansiedad y las noches de insomnio. De manera similar, todo fracaso en la cooperación es una prueba de la ausencia de sabiduría; prueba que las personas no efectúan la búsqueda suficiente para encontrar alternativas a los malos entendidos, las guerras y los derramamientos de sangre.

La cooperación no es posible cuando las personas piensan solamente en su propio interés o actúan con temor de que las otras partes les exploten. Una de las bases de la cooperación es la confianza mutua. Las personas deben trabajar duro para crear confianza mutua. Cuando la confianza mutua se establece, la cooperación se convierte en una forma natural de actuar.

El establecimiento de la confianza lleva esfuerzo y sacrificio. A causa de esto, las personas algunas veces piensan que para crear confianza, deben gastar más dinero y tiempo que si lucharan y trataran de solucionar sus diferencias por la violencia o la guerra. Las universidades y los grupos de interés especial podrían desarrollar proyectos de investigación para ver si el esfuerzo para crear confianza es más costoso que el esfuerzo para solucionar el problema con luchas.

Por supuesto, en algunos casos puede parecer que la confianza es más costosa que la lucha y la guerra, pero por lo menos las personas no pierden su vida ni la de sus seres queridos al tratar de crear confianza. ¿Cómo se puede disfrutar el haber ganado una guerra si se está muerto?

La cooperación debe ser llevada a cabo para la felicidad de todos, para la salud de todos, para la prosperidad de todos y para la iluminación de todos. La cooperación no puede continuar a través de la imposición, la fuerza o las técnicas totalitarias.

Las personas deben tener visión, comprender la visión y buscar los medios y las formas para actualizar esa visión. Cada vez que las personas obligan a los demás a cooperar, crean divisiones en la naturaleza de aquellos que son obligados a cooperar. Las personas con divisiones en su naturaleza, tarde o temprano destruyen el trabajo en el que fueron obligadas a cooperar.

Armonía a través del Conflicto

Existe otra ley que se llama la Ley de Armonía a Través del Conflicto. Esta ley ayuda a la Ley de Cooperación. No importa cuán profundo sea el conflicto, finalmente se resuelve a sí mismo en armonía y cooperación. Esto significa, por supuesto que la Ley de Cooperación es una ley dominante, especialmente en el arco de evolución sobre el cual el Espíritu vuelve Su rostro hacia el Hogar.

Mientras más profundamente se involucra la persona en el conflicto, mayor es su aspiración hacia el futuro en relación a la cooperación. El periodo de tiempo entre un estado de conflicto y el estado de cooperación es denominado el puente de sufrimiento, dolor y crimen.

Las personas tienen la opinión de que si ellas progresan a posiciones sociales superiores o si toman iniciaciones avanzadas, su carga se aligerará y habrá menos presión sobre sus hombros. La verdad es exactamente lo opuesto. Mientas más avanzada es la persona o mayores son las iniciaciones a través de las cuales pasa, mayor es la presión y la carga sobre sus hombros.

En un nivel individual, la persona tiene unos cuantos enemigos. En el nivel grupal, los enemigos son grupales. En el nivel nacional, los enemigos son ejércitos enteros. Cuando la persona está en niveles superiores de servicio, debe luchar con el mal planetario, solar, galáctico y cósmico. Esto explica por qué desde el inicio, la persona debe aprender la ciencia de la cooperación para poder derrotar a sus enemigos uniendo esfuerzos con sus co-trabajadores, y también transformando a los enemigos en co-trabajadores.

Algunas veces las personas ven que mientras más quieren cooperar, la oposición de aquellos que están en contra de la cooperación se hace más grande. Esto es muy natural. Un hombre sabio puede beneficiarse de esta situación aprendiendo sobre las técnicas usadas por los enemigos de la cooperación. Además estas personas no cooperativas usualmente crean la presión suficiente para evocar más belleza, más vigilancia, más alegría y mayor valor del Corazón de la persona cooperativa.

Es verdad que una vez que la persona está equipada con el espíritu de cooperación, incluso las rocas bajo sus pies le ayudan a realizar su visión. Se debe recordar que los co-trabajadores existen no solamente en el plano físico, sino también en los Mundos Superiores. Estos co-trabajadores cooperan con nosotros invisiblemente y nos traen diversas clases de ayuda para cumplir nuestra misión en la Tierra. Algunas veces cuando nuestros co-trabajadores visibles nos abandonan, los co-trabajadores invisibles los reemplazan. Repentinamente comprendemos que la ausencia de los co-trabajadores terrenales nos ha ayudado en alguna forma a tener éxito. Esto explica por qué debemos frecuentemente expresar gratitud por la ayuda que viene a nosotros inesperadamente desde los Reinos Superiores.

Todo líder pasa a través de ciertas crisis cuando siente que su carga es demasiado pesada para ir más lejos, y piensa en abandonar y renunciar al campo de batalla. Pero entonces recibe inspiración de los co-trabajadores invisibles quienes le animan a ser paciente y a no dejar el campo de su labor.

El mayor fracaso de un líder ocurre en tal momento de crisis si él cede a las voces de la derrota. Debido a esto, una de las leyes del liderazgo se formula como sigue: «Nunca abandones el campo de batalla, incluso si ello te cuesta tu propia vida».

A medida que los co-trabajadores aumentan en número, crean un campo eléctrico de transformación. Las personas que tienen motivos erróneos así como diversos vicios, usualmente sienten un cambio en sus corazones y ven las señales de transformación dentro de ellas mismas cuando entran en contacto con este campo.

Cuando dicho campo se hace más poderoso, atrae serpientes más grandes que se yerguen en contra de la transformación y empiezan a llevar a cabo su trabajo destructivo. Los líderes inteligentes reconocen a tales personas y frecuentemente se toman el tiempo para ayudarles, esperando que ellos se puedan transformar. Algunas veces tienen éxito; otras veces fracasan, con consecuencias drásticas. Los grandes líderes algunas veces aparecen no para reunir co-trabajadores, sino más bien para transformar serpientes en seres humanos. Por supuesto, algunas veces les cuesta sus vidas, pero ellos piensan que un alma salvada de las manos del mal es digna de un gran sacrificio.

Hay una bella historia en la literatura Budista sobre el Señor Buda y Sus enemigos. Cuando el Señor Buda estaba listo para entrar al Nirvana, Él dijo: «Ahora estoy entrando al Nirvana. La única persona quien Me está causando preocupación es el *Rey Ajatashatru*». El *Bodhisattva Kashyapa* preguntó, «Señor Su Compasión es para toda la humanidad. ¿Por qué está Usted preocupado solamente por el *Rey Ajatashatru*?». El Señor Buda contestó: «Supongamos que tienes siete niños y uno de ellos está enfermo. Aún cuando tienes otros seis niños saludables, te preocupas por aquél que está enfermo».

Otra historia está relacionada con el *Rey Bimbisara*, un gran partidario del Señor Buda quien estaba gobernando el Reino de *Magatha*. Su hijo, el *Príncipe Ajatashatru*, lo mató aconsejado por un amigo maligno, *Devadata*, e hizo a *Devadata* su ministro principal. *Devadata* era un primo del Señor Buda, pero era su enemigo mortal.

Ajatashatru, ahora como Rey, pronto se unió a las fuerzas enemigas para calumniar al Budismo, acosando al Señor Buda y matando a muchos de sus discípulos. Trajo un gran desastre a su país. Los vendavales violentos rugieron mes tras mes; la escasez y las epidemias golpearon año tras año, matando a la mayoría de las personas; y su reino estuvo bajo ataque por las fuerzas vecinas. Incluso su propio cuerpo físico estaba cubierto con úlceras.

Por lo tanto, su reino estuvo al borde del desastre total cuando repentinamente tuvo un sueño en el que él moría. Con el consejo de su médico y ministro, *Jivata*, y escuchando a su propia consciencia, *Ajatashatru* se alejó de *Devadata* y acudió al Señor Buda para arrepentirse de sus hechos. El Señor Buda lo curó. Milagrosamente, la invasión del enemigo finalizó, la paz vino al país y vivió cuarenta años más a pesar de la profecía que había predicho su muerte inminente. En gratitud, él reunió mil Arhats para registrar todas las Enseñanzas del Señor Buda, especialmente aquellas conocidas como los *Sutras del Loto*.

Los líderes verdaderos saben que cuando ellos se encuentran en situaciones muy peligrosas, las fuerzas de la Naturaleza les harán brotar el diamante que está latente dentro de ellos. Debido a esto, los líderes sabios no se quejan de las situaciones adversas cuando las «serpientes» les rodean y tratan de socavar su labor y dispersar a sus co-trabajadores. Ellos saben que estas situaciones son necesarias para despertar los potenciales que de otra forma permanecerían dormidos.

Tal líder debe incluso ser agradecido de que las personas más odiosas estén alrededor de él. Estas personas son frecuentemente atraídas de manera intuitiva, sabiendo que necesitan la sanación y confiando en que el líder no las rechace. Por supuesto, en el trabajo de cooperación se debe discriminar entre aquellos quienes están enfermos y aquellos quienes son los agentes consagrados del mal. Nuestros mejores amigos son aquellos que vienen a nosotros con la intención de destruir nuestro trabajo, pero se transforman cuando tocamos su alma.

Los líderes tienen también grandes amigos que vienen a ellos disfrazados como enemigos. Estos son los que atacan al líder y le mantienen alerta justo antes de un tiempo crítico. Los líderes frecuentemente les odian, sin embargo más tarde comprenden el gran servicio que les han brindado.

Cristo les dio un consejo a Sus discípulos, diciendo: «Sean tan inocentes como palomas y tan sabios como serpientes». Existen momentos en la labor cooperativa cuando la persona necesita estar extremadamente alerta, «tan sabia como una serpiente», para observar los comportamientos de los venenosos. Todo retraso en el manejo de la situación puede costar una gran cantidad de dolor y sufrimiento.

Por supuesto, las serpientes saben cómo ocultarse detrás de las relaciones y las formas multicolores. Cierta vez mi maestro dijo que un líder avanzado puede incluso usar serpientes venenosas para ahuyentar a los enemigos de su labor. Este es un juego muy peligroso que no todo líder es capaz de jugar. Los líderes deben aprender a cooperar incluso con aquellos que no están aún preparados para cooperar en niveles superiores.

Un líder inteligente puede cooperar con un lado particular de la persona mientras deja los otros lados sin tocar. O puede poner unas cuantas personas juntas para realizar una labor de tal forma que ellas aniquilen sus lados indeseables unas a otras y evoquen factores que son benéficos para todas ellas. En la ciencia de la cooperación, casi todo puede ser usado para el Bien Común, si el líder conoce la ciencia.

Los líderes que organizan trabajos de cooperación tendrán notables enemigos alrededor de ellos. Una persona puede primero aparecer como un devoto, pero luego se convierte en un traidor. ¿Cómo es que el amor y la veneración se convirtieron en odio, calumnia y traición?

Cuando el amor y la devoción están dirigidos hacia la personalidad externa del líder y surgen del auto-interés, el amor y la devoción continúan mientras el líder alimente el auto-interés. Pero si el líder deja de alimentar el auto-interés de una persona, dicha persona se vuelve contra él porque estaba esencialmente venerando al líder por auto-interés. Dado que su auto-interés ya no está siendo alimentado más, no queda nada por amar o venerar. El odio, la calumnia y la traición comienzan entonces a ser esparcidos en contra del líder porque la persona que solía amar y venerar al líder, piensa ahora que el líder es responsable por el auto-interés perdido.

Los líderes deben ser extremadamente cuidadosos de que sus co-trabajadores o seguidores no desarrollen el amor o la veneración hacia sus personalidades con el propósito de asegurar su propio auto-interés. En vez de ello el líder debe tratar de dirigir el amor y la veneración de sus co-trabajadores hacia la visión para la cual él trabaja.

Ningún líder puede continuamente satisfacer las demandas crecientes de aquellos que están trabajando motivados por su auto-interés. Antes que estas personas desarrollen un apego hacia él, el líder debe tomar acción para dirigir su atención a la visión, a la labor, o de lo contrario debe hacerles operar a distancia.

La traición surge cuando ciertos seguidores se dan cuenta que no pueden manipular más al líder para asegurar su auto-interés. Un líder debe permanecer alerta para ver las señales de la traición antes de que sea demasiado tarde. Unas cuantas, entre otras señales sutiles, son éstas:

- Quejas.
- Crítica.
- Dar regalos para ganar favores.
- Ira.
- Irritación.
- Descontento .

Un líder sabio debe tomar la oportunidad e iluminar a las personas, o de lo contrario, aislarlas cuidadosamente, permaneciendo alerta al hecho de que él no puede cambiarlas de la noche a la mañana. El auto-interés tiene raíces profundas.

Todos los logros humanos son el resultado de la cooperación en todos los campos del quehacer humano:

- Política
- Educación
- Comunicación
- Arte
- Ciencia
- Religión
- Finanzas

Cuanta más cooperación tengamos, mayor será nuestro éxito. Mientras menor cooperación tengamos, mayor será nuestra tensión, dolor, sufrimiento y fracaso. Esta es la razón por la cual es tan importante estudiar esta ley y aplicarla en nuestra vida.

5

CO-TRABAJADORES Y PRINCIPIOS SOBRE COOPERACIÓN

Hablando sobre los co-trabajadores, un Gran Maestro dijo: «...los co-trabajadores que caminan con abnegación serán victoriosos»[1].

No todos los co-trabajadores son iguales. Hay aquellos que se reúnen para luchar o para protegerse mutuamente. Existen también aquellos que cooperan buscando su interés individual o grupal. Hay aún otros que cooperan para reprimir a los demás o para explotarles. Y también hay un cuarto grupo de co-trabajadores que cooperan con abnegación y servicio. Éste último grupo es la forma más elevada de co-trabajadores. Esto significa que ellos no cooperan porque tienen intereses individuales en el trabajo a ser realizado. Más bien, ellos trabajan y cooperan para aumentar el bien, la alegría, la libertad, el amor y la luz en el mundo. Estos co-trabajadores finalmente son los «triunfadores»:

> *Procediendo en el paso con el Imán Cósmico*
> *tú afirmas la victoria. Sí. Sí. Sí!*[2]

La victoria real es la habilidad para proceder en armonía con el Imán Cósmico. Dispersar y conquistar todas aquellas corrientes que te impiden proceder llevando el paso del Imán

1. Agni Yoga Society, *Infinity II* (afor. 55, 1930).
2. *Ibid.*

Cósmico y actualizar su divinidad, no es fácil. Los co-trabajadores son aquellos que tratan de ayudar a las personas a cooperar a través de la abnegación. Solamente en la abnegación se podrá dispersar y conquistar todas aquellas fuerzas que impiden cooperar.

Algunas personas piensan que para tener cooperación es absolutamente necesario tener un grupo de personas. No son las personas las que crean la cooperación, sino la visión que ellas tienen. Si muchas personas están trabajando para actualizar una visión en diversos lugares en la Tierra, incluso sin conocerse mutuamente, ellas son co-trabajadores. Mientras diversos grupos de personas estén esforzándose para llegar a la cima de la Belleza, Bondad, Justicia, Alegría y Libertad, ellas son verdaderos co-trabajadores.

Existen co-trabajadores quienes son conscientes unos de otros, así como de la labor de cada uno. Hay co-trabajadores que son conscientes unos de otros en los Mundos Superiores donde sus espíritus se elevan hacia de la luz, pero pueden no conocerse en el plano físico. Ellos trabajan en diferentes campos, con diferentes herramientas; sin embargo todos ellos construyen el invisible «Templo del Señor».

La victoria se logra a través de la cooperación con las corrientes del Imán Cósmico. Hay incluso cooperación en los esfuerzos de aquellas fuerzas que se esfuerzan desde direcciones opuestas. Por ejemplo, el Fuego Espacial trata de penetrar la esfera humana, y el espíritu humano se esfuerza hacia esferas superiores. Ambas corrientes, en cooperación, crean un puente entre dos mundos a través del cual la comunicación consciente es posible.

Podemos ver otros tipos de cooperación en donde algunos co-trabajadores pueden destruir un edificio, mientras otros construyen uno nuevo en el mismo terreno.

Uno necesita observar el tema de la cooperación desde un nivel de consciencia en expansión. Frecuentemente impedimos a un grupo de co-trabajadores hacer su trabajo. Pensando que ellos son antagonistas a otro grupo de co-trabajadores, tratamos de ayudar a un grupo pero verdaderamente impedimos la labor de cooperación mutua.

La victoria no puede ser lograda sin ver las cosas como son, desde el punto de vista de las corrientes Cósmicas. El Imán Cósmico continuamente crea, y Sus agentes tienen muchos nombres. Se debe tener sabiduría para poder ver cómo los agentes cooperan mutuamente.

En el otro extremo del espectro, algunas personas ven la cooperación entre dos fuerzas cuando en realidad ellas están luchando y destruyéndose mutuamente a través del espejismo, de sugestiones post-hipnóticas y del deseo de explotarse mutuamente y crear confusión y caos.

Los co-trabajadores son sensibles al Plan de los Grandes Seres, y ellos se comprometen con diversas partes de la labor para realizar el Plan. Toda cooperación verdadera es inspirada por la Jerarquía.

Cada grupo de co-trabajadores debe tratar de ver el propósito de los demás grupos de co-trabajadores. Cuando el propósito general se ve y se reconoce, mucha energía y tiempo serán ahorrados por los grupos aparentemente antagónicos de co-trabajadores.

La mejor forma para armonizar la labor de muchos grupos diversos es capacitarlos para ver el propósito general hacia el cual se dirige su labor.

La Enseñanza eventualmente permitirá a todos conocer el Propósito hacia el cual el espíritu está movilizando a toda la humanidad. Una vez que este Propósito es conocido, la confusión extendida en todos los niveles lentamente cesará y la armonía será el resultado.

Una gran victoria humana está disponible a través de la cooperación.

Aquí hay entonces once principios que forman la base de la cooperación.

1. *Cuando nuestros pensamientos, sentimientos, palabras y acciones se complementan, se fortalecen o se nutren mutuamente para lograr una meta común, decimos que tenemos cooperación dentro de nuestra naturaleza.*

La verdadera cooperación grupal empieza cuando los pensamientos, sentimientos, palabras y acciones de los miembros están en armonía con la visión hacia la cual ellos se están esforzando. No existe cooperación verdadera entre las personas cuyas acciones estén en armonía, pero cuyos pensamientos, palabras y sentimientos hacia cada uno no son cooperativos. Tal estado de cooperación será de muy corta vida.

Los líderes reales deben educar a las personas para cooperar en todos los cuatro niveles:

- Pensamientos.
- Sentimientos.
- Palabras.
- Acción.

La cooperación no implica la imposición de uniformidad de pensamientos, sentimientos, palabras o acciones; la cooperación más bien alienta la diversidad que está en armonía con, o es complementaria, a la visión.

En la cooperación grupal, uno necesita disciplina y educación para ser capaz de evitar la fricción en cualquier acción cooperativa.

2. *La cooperación es un esfuerzo de un grupo de personas para actualizar una visión dada desde Fuentes Superiores.*

La cooperación no es posible sin una gran visión que polariza, armoniza y orquesta todos los pensamientos, sentimientos, experiencias y acciones de los individuos hacia la actualización de esa visión.

3. *A menos que haya una meta en común o una visión, la cooperación no es posible.*

La meta común de un grupo o nación puede ser, por ejemplo, supervivencia, la manifestación de la belleza, o el servicio hacia la humanidad. Tales metas evocan sentimientos profundos de cooperación. Las personas deben cooperar para producir cultura y belleza; deben cooperar para sobrevivir como raza humana.

Cuando estas metas son reconocidas como lo más esencial para la humanidad, el siguiente paso será educar y enseñar los puntos que llevan a la cooperación. Estos puntos implican tener:

1. Un propósito en común.
2. Un plan integral.
3. Metas que conduzcan al plan.
4. Habilidades para actualizar las metas.
5. Labor para traer el propósito a la manifestación.

Un líder inspira a las personas y las educa en los cinco pasos necesarios para la cooperación:

- Propósito.
- Plan.
- Metas.
- Habilidades.
- Trabajo.

Un líder nunca usa presión negativa o fuerza, sino que más bien inspira a las personas hacia mayores logros, porque él sabe que el uso de la fuerza hace que las personas trabajen para sus propios intereses separatistas.

4. *Los grandes líderes nos dan una visión y movilizan todos nuestros pensamientos, emociones y acciones hacia esa visión a través de la cooperación con aquellos que tienen intereses similares.*

Todo individuo en todo grupo cooperativo debe comprender claramente que los miembros del grupo se desarrollan y progresan mejor si trabajan juntos para actualizar su visión. Cuando esto se comprende, todos harán el esfuerzo correcto, tomarán los pasos correctos para hacer su propia parte ayudando a que la visión sea una realidad.

Cada miembro del grupo debe tratar de descubrir lo que puede hacer mejor para promover la cooperación grupal. Tal esfuerzo ayuda a las personas a invocar muchas posibilidades latentes dentro de sí mismas y de los demás.

Los miembros del grupo deben conocer individualmente las fronteras de sus responsabilidades y deberes. Luego, si encuentran cualquier dificultad, deben buscar el consejo del liderazgo –para iluminación, no para órdenes. Aquellos que dependen de órdenes no cumplen sus responsabilidades y deberes y no pueden crecer y aprender la ciencia de cooperación.

Esto explica por qué el líder inspira, evoca, anima e ilumina a los miembros del grupo y luego los deja libres para demostrar sus habilidades, devoción y creatividad para la actualización de la visión.

5. *Cuando la persona coopera con los demás para actualizar la visión, empieza a refinar y controlar sus acciones, sus emociones y sus pensamientos, eliminando todos aquellos factores que no se adecúan a la visión. Por lo tanto, la maestría sobre nuestros ve-*

hículos es lograda y el Ser verdadero empieza a manifestarse a Sí Mismo.

En el proceso de cooperación, uno debe continuamente de tratar de obtener maestría sobre su personalidad y aprender cómo controlar sus pensamientos, palabras y acciones, tratando de eliminar todas aquellas causas que hacen que la personalidad funcione mecánicamente.

Cada miembro de un grupo tiene una responsabilidad básica que cumplir, la cual puede ser resumida como la responsabilidad de buscar cooperar con la visión del grupo, poniendo sus pensamientos, palabras y acciones en armonía con esa visión. Por ejemplo, los miembros de un grupo que están comprometidos en promover el Bien Común no deben ejercer crítica, calumnia, malicia, traición, celos u odio en contra de sus compañeros. Si ellos lo hacen, automáticamente se excluyen a sí mismos de la membresía. Aún cuando se llamen a sí mismos miembros activos, el Alma Grupal los descarta.

Algunos miembros en un grupo pueden odiarse mutuamente; algunos pueden nutrir los celos en sus corazones; algunos incluso pueden tener sentimientos de venganza entre sí. Tales síntomas no promueven la cooperación real sino que se convierten en semillas de desintegración para el grupo.

Ser un miembro de un grupo que promueve el Bien Común significa estar preparados para desarrollar una disciplina que capacitará a cada persona para controlar y dominar estos elementos en su personalidad que están en contra de la visión común del grupo.

Antes que una persona acepte una responsabilidad mayor que la anterior, debe pasar a través de una disciplina más seria que lo equipará para satisfacer los requerimientos de su nueva responsabilidad –de lo contrario, no solamente fracasará, sino que también dañará la integridad grupal y causará su desintegración.

Aquellos que crean problemas en los grupos por su egoísmo o intereses separatistas se privan de la oportunidad de lograr maestría sobre sí mismos y de continuar en el sendero de su transformación. Algunas veces se piensa que los alborotadores son inteligentes, pero uno debe estar realmente desquiciado para poner sus propios intereses por encima de los del grupo, la nación o la humanidad. Una vez le dije a un miembro de un grupo creativo: «Por supuesto que asististe a las reuniones; viniste solamente para crear fricción personal con casi todos. ¿Sabes lo que estás haciendo? Te estás negando a ti mismo la oportunidad para la cooperación. Incluso estás actuando en contra de tus propios intereses personales».

Algunas veces las personas piensan que ciertas comunas o comunidades establecidas son ejemplos de cooperación. Luego de un escrutinio más cercano, uno puede ser allí testigo de una gran cantidad de chismes, odio, celos, mala voluntad, autointerés, etc. Una comunidad real no es un fenómeno externo de relaciones estrechas, sino que se caracteriza por un estado de amor que orquestra a todos los miembros para vivir en armonía mutua y poder actualizar su visión común. Por esta razón cada comunidad debe ejercitar el refinamiento, crear armonía y respeto, y promover una labor constructiva en todos los niveles de su existencia. Aquellos miembros del grupo que despiertan a la visión común y demuestran entusiasmo, equilibrio, nobleza, inteligencia y labor sacrificada con el ejemplo de sus vidas, enseñan las lecciones más elevadas a sus compañeros.

La técnica de imposición debe transformarse en inspiración. Las personas se inspiran mutuamente con las virtudes que manifiestan en sus relaciones diarias. «Inspirar» significa hablar con las almas de las personas en vez de ejercer fuerza sobre sus personalidades.

Los líderes deben aprender el arte de presentar las necesidades de un grupo o nación a las personas y deben inspirarlas para que satisfagan esas necesidades. Los líderes deben usar también la devoción de sus co-trabajadores para alcanzar mayores labores para el grupo.

Mi Maestro una vez me preguntó: «¿Qué pensarías si te pidiera que viajaras a caballo durante tres días y llevaras esta medicina a nuestro gran Maestro? Por supuesto debes saber que los caminos son muy peligrosos y los bandidos son como lobos hambrientos en estos tiempos…», y luego se alejó. Después de un momento de pausa, le seguí y le dije: «Maestro, sería mejor para mí morir que no respetar tus deseos». Las lágrimas surgieron de sus ojos a medida que me dijo: «Aquí está la medicina; prepara tu caballo y sal con la aurora».

Una vez un grupo estaba construyendo un templo para la meditación. La compañía eléctrica requirió que el grupo cavara una zanja de dos pies de profundidad y de ciento cincuenta pies de largo para poner un conducto eléctrico. El líder solicitó voluntarios entre la memebresía para que ayudaran a cavar, pero todos estaban demasiado ocupados. Por tres días el líder trabajó duro desde la aurora hasta el crepúsculo preparando la zanja.

El día que la compañía eléctrica vino para colocar el cableado, los miembros del comité aparecieron. Un trabajador de la compañía eléctrica, hablándoles a los miembros del comité, dijo: «Ese pobre individuo trabajó tan duro por tres días y terminó esta zanja él solo. ¿Por qué nadie más le ayudó? Vine aquí todos los días y le vi trabajando muy duro. Él debe realmente necesitar el dinero por el cual trabaja». Uno de los miembros del comité contestó: «Él no lo estaba haciendo por dinero; él es nuestro presidente, nuestro líder». Con ojos muy abiertos y con una voz amorosa, el electricista dijo: «Entonces, qué vergüenza para ustedes».

Un líder debe dar el ejemplo con su trabajo. Hay una historia de un rey que se acercó a unos cuantos soldados quienes estaban luchando entre sí para ver quién cargaba un vagón con leña. Después de escucharles maldecir y de ver su ira, el rey dijo: «¿Puedo tener el honor de trabajar para ustedes gratuitamente?» Y él empezó a cargar el vagón. Inmediatamente después de terminar, se alejó, pero uno de los soldados lo reconoció y dijo: «¿Saben quién era?» «¿Quién?» «¡El rey!» Los hombres se apresuraron en pedir perdón por su conducta y el rey dijo: «Bien, mi deber es servirles...» La historia continúa diciendo que estos soldados trabajaron tan duro para probarse a sí mismos después de este episodio, que finalmente se convirtieron en los generales de mayor confianza del rey.

El liderazgo existe para proveer ejemplos de cooperación y para dar inspiración para esforzarse por el futuro.

6. *La cooperación con la visión nos acerca más a nuestro Ángel Solar, a la Jerarquía, al Plan Jerárquico y a nuestro Corazón Interno.*

Si solo por una vez las personas pudieran comprender que el propósito de construir grupos es poner a los miembros en contacto con sus Seres Superiores y con el Ser Superior del grupo, grandes cambios ocurrirían en su consciencia. Todo grupo en progreso es lentamente atraído hacia la Jerarquía como vehículos de expresión para el Plan Jerárquico para la humanidad. Los miembros de los grupos progresan más rápidamente formando parte de un grupo que manteniéndose solos.

7. *Toda información y aprendizaje relacionados con la cooperación nos son dados para prepararnos para cooperar con el Plan de la Jerarquía y con la Jerarquía Misma.*

Cada miembro de un grupo debe aspirar a esta relación con la Jerarquía. Pero una pregunta surge aquí. ¿Y si el grupo es un grupo de investigación científica o un grupo financiero, cuyos miembros no tienen la más ligera idea sobre la Jerarquía y Su Plan?

La respuesta es que el Plan contiene el prototipo de logros para cada grupo. Cualquier grupo que esté progresando, entra en contacto con ese prototipo. El mejoramiento firme en cualquier línea del quehacer humano nos conduce al Plan. El prototipo del Plan inspira a los miembros individualmente y penetra en la consciencia de sus miembros. Así como un negativo fotográfico revela lentamente la fotografía a medida que en el proceso de desarrollo de la foto avanza, en una forma similar un grupo en progreso manifiesta lentamente el prototipo proyectado dentro de la consciencia de sus miembros.

La aspiración, la cooperación y el esfuerzo empiezan en el momento en que el grupo como un todo es impresionado por el Plan. En un inicio no es necesario conocer todo sobre el Plan. Trabajar como una unidad para proveer servicio para el Bien Común es lo mismo que trabajar para el Plan.

8. *La cooperación en espirales gradualmente superiores disipa o elimina la vanidad, el ego, la inercia, la depresión y el separatismo. Estos son los cinco lobos que nos esperan en el umbral de Iniciación.*

Había una mujer de ochentaicuatro años de edad quien me llamaba frecuentemente para quejarse de su vida. Ella era muy rica, pero no sabía cómo usar su dinero para traer alegría a su corazón. Un día la llamé y le dije: «Puedo darle un trabajo en nuestra oficina». «Con todo mi dinero», ella dijo: «¿Por qué necesito un trabajo?» «No vamos a pagarle», le contesté. «Eso es ridículo», respondió ella. «Quizá sea así», le dije, «pero usted va a trabajar cuatro o cinco horas todos los días y va a pagarnos veinticinco dólares por trabajar». «¡Dios mío!», dijo ella sorprendida. «No pierda esta oportunidad», le aconsejé.

Eventualmente ella vino a trabajar y empezó doblando cartas y desarrollando un mecanografiado ligero. Cuando estuvo lista para irse, le recordé pagar sus deudas –y así lo hizo. Al siguiente día, vino a primera hora de la mañana y me dijo cuán feliz estaba y cuán descansado había sido su sueño, cuán contenta estaba de que por fin, después de tantos años de pereza e inercia, ¡ella había encontrado un trabajo que realmente pagaba!

Nuestra presunción, vanidad y ego desaparecen con la cooperación y el trabajo. Nos sentimos uno con las personas y la vida transcurre con más rapidez y en alegría.

Un día designé a una mujer como la presidenta de un comité y le dí unas cuantas personas indisciplinadas para trabajar con ella. Ella se esforzó mucho para mantenerlas trabajando unidas con el fin de cumplir con el trabajo, y estuvo muy sorprendida al ver el éxito que tuvo al hacerles cooperar y actuar como seres humanos.

La cooperación es un proceso de sanación grupal, transformación y adaptación grupales. Cuán bello es juntar a las personas para develar los tesoros que están ocultos dentro de ellas.

Algunas veces el mayor obstáculo en un trabajo grupal es el sentimiento de auto-importancia. En la labor grupal, esta vanidad se evapora y la persona siente que los demás son importantes, algunas veces más importantes que ella misma. Liberarse uno mismo de la vanidad, el ego, la irritación y el separatismo significa la terminación del pesar, el dolor y el sufrimiento.

9. *La cooperación conduce hacia la unidad y la síntesis, hacia la manifestación del Propósito.*

A medida que la persona coopera, desarrolla un sentido de unidad que le capacita para relacionarse con los demás de tal forma que cada persona es aprovechada para el cumplimiento de la visión. La síntesis es la correcta relación a favor de un propósito superior.

La cooperación nos prepara paso a paso para ver el propósito por el cual estamos trabajando. Mientras mejor ve la persona el propósito, más cooperativa es, porque comprende que la actualización del propósito es el cumplimiento de sus propias aspiraciones más elevadas.

Una de las tareas del líder es cuidar de no crear celos en los demás hacia él. Esto es posible si el líder se exhibe ni tiene vanidad, ego, o el espejismo de ser extremadamente importante. Los celos se crean cuando el líder tiene los vicios anteriores. Si él es humilde y reconoce la belleza en los demás y no alardea como si nada pudiera ser hecho sin él, no crea celos en los demás. Algunos líderes visten y viven con lujos y se jactan continuamente. Tal vida crea celos, y donde los celos echan raíces, la cooperación finaliza.

Uno de mis Maestros, cada vez que era halagado, siempre honraba a otros como fuente de su éxito. Él una vez dijo: «¿Qué hombre podría sentirse orgulloso de todo lo que hace? Todo le es dado a él por el Señor; sin el Señor, él no podría hacer lo que hace».

Otro Maestro trabajó con los trabajadores, pintores y jardineros como si fuera uno de ellos. Un día, después de trabajar en el jardín el día completo con los jardineros, él dijo: «Ahora es tiempo para que ustedes se relajen y descansen; pero mi labor continúa mientras ustedes descansan –quizás hasta la media noche». Él quiso mostrarles que el liderazgo no es un estado de descanso, sino de continua labor. Uno de los jardineros comentó: «No me gustaría tener tu posición».

Debemos también saber que existen aquellos que están contaminados hasta los huesos con la enfermedad de los celos. Es duro y costoso tratar de sanar a estas personas.

Un líder verdadero no trata de hacer a las personas sus clones; más bien, trata de crear en ellos su propia originalidad y activa en ellos algunos talentos especiales que pueden tener, para que sea posible crear una labor sinfónica en vez de una labor monótona. Cuando un líder trata de hacer con los demás una copia exacta de sí mismo, les impide su desarrollo y progreso individual y se priva a sí mismo de sus contribuciones y talentos particularmente originales.

Los líderes deben inspirar a los individuos para que florezcan con sus propias flores, con su propia belleza y de esta forma contribuir con la labor del grupo integral. Cada vez que un líder crea seguidores –ovejas– termina odiándolos porque ellos no contribuyen con nada real o digno para su labor.

Un verdadero líder no sólo anima a los demás a desarrollar sus talentos individuales sino que también ayuda a los demás a superarle. Todo líder debe tratar de preparar a unas cuantas personas para reemplazarle e involucrarse con más trabajos de responsabilidad y dificultad. Cuando un líder puede ser reemplazado, él se libera para realizar un servicio más osado para la humanidad.

10. *La cooperación desarrolla conocimiento, sabiduría, telepatía, intuición y fuerza de voluntad, provee experiencia.*

La cooperación aumenta nuestro conocimiento. Aprendemos unos de otros; aprendemos de la creatividad mutua. Eventualmente puede crearse una gran fuente de conocimiento que proporcione conocimiento a cualquiera que entre en contacto con aquellos que están cooperando.

La cooperación expande nuestro campo de consciencia; un campo expandido de consciencia provee formas nuevas y más creativas para relacionar a las personas. Encontrarse con personas que tienen diferentes actitudes y diferentes opiniones a las nuestras enriquece nuestra consciencia y nos da la oportunidad para observar las cosas desde diferentes puntos de vista. Esto también promueve la cooperación y la fusión.

No tengas miedo de hablar con personas que no aceptan tus opiniones o ideas. Trata de encontrar por qué ellas difieren. Algunas veces tus antagonistas son las fuentes de las ideas más valiosas. Ellos agudizan tu poder de observación y te muestran formas en las cuales puedes ser mejor aceptado.

Algunas personas se sienten seguras ocultándose detrás de su ignorancia. Tienen miedo de entrar en la luz y ver lo que los demás están pensando sobre ellas y ver sus ideas. Tal actitud no promueve la cooperación. Trabaja a nuestro favor el tener expuestas nuestra ignorancia e insensatez.

La cooperación destruye nuestros espejismos e ilusiones debido al incremento de la luz del grupo. En un grupo, por ejemplo, un miembro deseaba ser el presidente. Él fue eventualmente asignado a ese cargo para descubrir sus motivos reales. Después de tres meses de humillación, él renunció. Cuando se le preguntó el por qué, él dijo: «No sabía que yo era tan tonto y tan poco preparado para esa función». Es en los comités y en los grupos que nuestros colores verdaderos surgen y luego podemos tener una oportunidad para mejorarnos a nosotros mismos.

La cooperación aumenta la cantidad de nuestra experiencia y el poder de nuestro razonamiento. En los grupos se da siempre la oportunidad para tener experiencias nuevas. A causa de la atmósfera tensa y los diversos niveles de inteligencia en los grupos, la persona es desafiada a mejorar su razonamiento y su lógica para poder contribuir al esfuerzo común para el progreso.

En los grupos, la persona aprende cómo evitar caer en la tentación de manipular a las personas. Una vez que esta tentación se vence, la persona trata de ser útil al grupo. En el proceso de cooperación, aprende cómo usar sus poderes mentales constructiva y creativamente para el Bien Común.

Es posible también que en una situación grupal existan acciones violentas en contra de las ideas y visiones de una persona. Esta es una señal de derrota y una insolvencia del intelecto en aquellos que promueven tales acciones. La Ley de Cooperación nos desafía a observar profundamente las ideas de los demás y comprender su esencia o demostrar lógicamente su inoportunidad.

En la cooperación desarrollamos telepatía. Aquellos que cooperan se vuelven gradualmente más sensibles entre si y empiezan a registrar los sentimientos, pensamientos y motivos, unos de otros. La cooperación con los demás cultiva el poder de la telepatía en los miembros del grupo. Eventualmente la fusión grupal se convierte en un hecho, y el grupo actúa como una entidad.

Las personas que actúan por separatismo, odio y malicia no pueden desarrollar telepatía, aunque pueden registrar sentimientos a través de su plexo solar. Este tipo de registro más tarde será la fuente de todos sus problemas físicos y psicológicos.

La cooperación desarrolla intuición y fuerza de voluntad. La fuerza de voluntad se desarrolla en la medida en que uno vence los obstáculos mentales, emocionales y físicos en el curso de la cooperación. Se desarrolla a través del esfuerzo por encontrar formas mejores para contribuir al Bien Común.

Así como nuestros cuerpos son construidos a través del proceso de cooperación entre células, órganos y demás, nuestros poderes y virtudes superiores son similarmente desarrollados a través del proceso de cooperación entre los elementos que son atraídos entre sí en la esfera de nuestra alma para poder formar un vehículo de expresión para la luz del alma.

Ninguna virtud o poder psíquico puede ser desarrollado por nosotros sin usar la Ley de Cooperación. Debemos recordar que nuestros socios colaboradores son frecuentemente invisibles. Ellos pueden ser entidades invisibles, fuerzas, energías, rayos, ideas, impresiones, pensamientos-formas. El principio básico nos dice que sin la cooperación, nada puede ser creado ni logrado.

Un grupo es la representación simbólica de todos aquellos elementos visibles e invisibles con los cuales tratamos de cooperar.

11. *La cooperación te conduce a la suprema Ley de Sacrificio a través de la cual dejas detrás tu yo separatista y te conviertes en uno con el Ser Único.*

A medida que uno desarrolla cooperación vertical y horizontal, uno comprende finalmente que se logra más si se sacrifica más. Aquellos que persisten en la cooperación lentamente contactan con los Seres Superiores de sus co-trabajadores y finalmente se comprende que existe solamente el Ser Uno buscando la manifestación a través de todos los co-trabajadores. Este Ser Uno puede ser el Ser Grupal o el Ser Cósmico, dependiendo del grado o el nivel de la cooperación del grupo.

6

DISCRIMINACIÓN

La discriminación es una habilidad para encontrar las formas y medios, las personas y objetos con y a través de los cuales la persona puede crear mayor cooperación. La discriminación es un poder mental o intuicional para elegir las mejores «herramientas» para el trabajo correcto. La palabra «discriminación» es comúnmente usada con un significado diferente. Ha llegado a significar que si tú odias, tú eres discriminativo; si tu elección se basa en el auto-interés, tú eres discriminativo. Sin embargo, el significado real de discriminación es **hacer la elección correcta.**

Si la persona discrimina correctamente en sus valores, objetos, maneras y medios, es inteligente, intuitivo, verdaderamente científico y eficiente. En cada minuto y en cada movimiento, la persona puede usar su sentido de discriminación.

Las personas preguntan si deberían cooperar con los líderes que están en contra del Bien Común, o con leyes que son impuestas sobre el público para asegurar el poder por intereses especiales de ciertos partidos.

Ante todo, si los gobernantes son egoístas y las leyes los protegen o los ascienden, ellos tendrán el suficiente poder para reprimir cualquier resistencia. La desobediencia los obligará a tomar medidas más severas. La mejor manera de manejar estas situaciones es crear una opinión pública iluminada, presentando alternativas prácticas a los gobernantes y creando leyes que trabajarán para el beneficio de todos. Uno debe continuar obedeciendo al gobernante, pagando sus impuestos y siguiendo las leyes, pero al mismo tiempo trabajar duro para traer iluminación. Se debe educar a las personas, mostrarles los peligros de esta regencia y estas leyes, y gradualmente establecer el sentido de rectitud.

La revolución y la desobediencia civil pueden destruir a los gobernantes existentes pero también darán origen a la creación de leyes que favorecen los intereses de servicio a sí mismos de los nuevos gobernantes, quienes gradualmente usarán los mismos métodos de opresión que los anteriores emplearon. La evolución de la humanidad no procede a través de la violencia, la revolución o la guerra. Puedes leer sobre los abusos de los derechos humanos y conducir una investigación para determinar en qué medida estos derechos han sido violados desde el inicio de cualquier cambio político violento. La revolución, la violencia y la guerra son dramas en los que los actores han cambiado, pero el resultado final permanece igual.

La humanidad no tendría líderes déspotas y leyes injustas si desde la infancia las personas fueran entrenadas para cooperar con el concepto del Bien Común. Una vez un médico trabajó muy duro para crear una enfermedad. Cuando se le preguntó por qué disfrutó con este esfuerzo, contestó: «Porque quiero encontrar la cura». Las personas en nuestra civilización presente están comprometidas en estos proyectos. Incluso si ellas encuentran la cura, no serán capaces de detener los efectos secundarios de sus enfermedades creadas artificialmente.

El entrenamiento para vivir por el Bien Común debe empezar en la niñez. A nadie se le debe permitir alcanzar una posición donde pueda gobernar antes de que pruebe su total integridad. En el futuro, las personas en posiciones elevadas estarán sujetas a pruebas periódicas en relación a su claridad mental, su salud física y su equilibrio emocional. También serán probadas con respecto a sus motivos y su sinceridad, con el fin de poder descubrir defectos de carácter.

Obtener una posición en un cargo público no será fácil. A menos que la persona proporcione pruebas de cordura real, integridad moral, previsión, perspicacia, visión y una dedicación firme al Bien Común, no será promovido a responsabilidades superiores. El poder será dado en proporción a la integridad espiritual del individuo.

La humanidad debe evolucionar a través de la educación y la iluminación; a través de cultivar un sentido de responsabilidad y una comprensión profunda de la idea del Bien Común; y a través de crear leyes y reglas para elegir a aquellos que avanzan hacia el liderazgo, y a la vez filtrar y excluir a aquellos que no son dignos y sólo quieren obtener el poder sobre los demás.

Una democracia verdadera no es ni la dictadura de un partido ni la dictadura de las masas, sino la «dictadura» del Bien Común. Los líderes y legisladores deben comprender antes de que obtengan su posición que ellos son responsables por el Bien Común. La marca más alta de una persona espiritual es la cooperación con y por el Bien Común. Basado en esta premisa, como mínimo, nuestro sistema judicial cambiará y nuestras prisiones serán escuelas y centros para las artes creativas.

La cooperación debe empezar en el punto más elevado de la visión y finalmente manifestarse en labor práctica. De aquí que los líderes espirituales deberán presentar la visión y alentar a las personas para que absorban la visión y la trabajen en su vida y relaciones diarias.

Hay aún individuos quienes creen en la teoría «fuerza-es-derecho». Pero el día se está acercando rápidamente cuando «derecho» y «fuerza» serán considerados solamente a la luz del Bien Común. Un completo sistema filosófico va a desarrollarse alrededor de este concepto dentro de las filas más elevadas de los líderes políticos.

El hombre es el símbolo de la Ley de Cooperación. El hombre es el fruto, la culminación de esta ley. La existencia del hombre en este mundo explica el misterio y la majestuosidad de esta ley.

Imagina cuánta cooperación se necesitó para construir esta pieza maestra que es el hombre, cuántos constructores y elementales cooperaron mutuamente para formar al hombre, y cuánta cooperación es requerida entre todas las partes del hombre para establecer una creación feliz, saludable, próspera, iluminada y victoriosa.

Una de las tareas del alma humana es mantener la cooperación a través del sistema del hombre y relacionar todas las partes a los cuerpos superiores para una cooperación más avanzada. Por ejemplo, el cuerpo físico debe cooperar con los sentimientos, emociones y pensamientos. Más tarde, todos estos cotrabajadores deben cooperar incluso con vehículos superiores y con centros más elevados. El éxito espiritual del ser humano depende de la cooperación entre todas las partes de su mecanismo integral. En otras palabras, cuerpo, alma y espíritu deben cooperar entre sí. Más tarde la cooperación debe avanzar hacia las Esferas Superiores.

El hombre es el símbolo del Universo. Si el hombre comprende el proceso de cooperación que tiene lugar dentro de su sistema, llegará a comprender la cooperación que se da en los niveles solares, galácticos y cósmicos. Uno de mis Maestros solía decir: «La Naturaleza te ha creado cooperativamente como un ser humano, pero si tú quieres avanzar más y convertirte en realmente divino, debes cooperar conscientemente con las fuerzas creadoras de la Naturaleza. Entonces comprenderás que la Naturaleza como un todo es una Entidad viviente».

Es muy interesante notar aquí que aquella persona cuyo propio sistema está en un estado de cooperación activa, es naturalmente cooperadora en una situación grupal.

7

COMPETENCIA Y SUPRESIÓN

La competencia es destructiva. En la Nueva Era, usaremos el principio de compartir. La competencia nos ha llevado al borde del desastre. Es la mejor forma para desperdiciar energía, tiempo y materia. Si compartiéramos todas nuestras energías en vez de desperdiciarlas, no necesitaríamos competir. La competencia es solamente para aquellos que están inertes u orientados hacia la materia, es prueba que ningún pensamiento real está teniendo lugar en sus cerebros. La competencia es explotación; compartir es dar.

Si observamos qué es la competencia, vemos que todos hacen diferentes clases de ropa, muebles, automóviles y así sucesivamente, para poder competir. Te derribo, luego me derribas. En vez de ello, si pusiéramos nuestras cabezas juntas y creáramos lo mejor de todo, no necesitaríamos desperdiciar nuestros recursos naturales. Este no es un pensamiento comunista, sino un pensamiento de «comunidad».

En la Nueva Era los pensadores comprenderán y discutirán estos tópicos en artículos, libros y conferencias. Ellos expresarán y demostrarán cómo la competencia no es el camino. El camino es a través del compartir. Por ejemplo, una nación no debe decir: «Tenemos petróleo, pero no te daremos nada a ti». La Naturaleza comparte todo con nosotros; nada le pertenece a nadie, y al mismo tiempo todo le pertenece a todos. Mientras no aprendamos el principio de compartir, continuaremos sufriendo.

Los recursos naturales no deben ser monopolizados, sino distribuidos entre aquéllos que lo necesitan. Compartir desarrolla el sentido de rectitud y una valoración y conocimiento real de las necesidades. En la competencia, la persona acumula cosas incluso cuando no tiene la necesidad real de ellas. La acumulación por las personas o naciones abre el camino para la explotación, la tensión y finalmente las guerras.

La competencia es un esfuerzo por imponer la propia voluntad sobre los demás mediante el uso del dinero y de otros intereses como incentivos. La imposición y la competencia son troncos de la misma raíz. Es mejor detenerse y decir: «Oye, incluso aunque millones de personas alaban la competencia, siento que hay algo perjudicial en ella».

Debemos detenernos y tomar tiempo para pensar. Tenemos miedo de pensar porque percibimos que cuando empecemos a pensar independientemente, una vasta mayoría de personas se pondrá en nuestra contra amenazando nuestra seguridad, posición y reputación. Es mucho más fácil decir: «¿Y qué? No tengo poder para cambiar la situación, déjenme continuar compitiendo como antes». Esta es la manera en que tendemos a vivir nuestras vidas.

Si queremos hacer a nuestra nación realmente poderosa, debemos introducir en su consciencia aquellos nuevos principios y métodos que asegurarán su éxito futuro. Cuando nuestros negocios van mal, decimos: «¡Espera un minuto! ¿Qué está equivocado? Hagamos algunos cambios para mejorar la situación». Pero no aplicamos el mismo enfoque a las demás áreas de nuestras vidas, especialmente en nuestro enfoque de las políticas nacionales. Repetimos los mismos errores en formas diferentes, año tras año.

Por ejemplo, a través de los años, hemos rechazado a muchos países y hemos hecho enemigos a billones de personas.

Hemos continuado ésta práctica, y lo haremos hasta que las necesidades económicas y políticas lo dicten de otra manera. Las relaciones internacionales basadas en la competencia, tanto política como económica, producirán políticas de explotación.

Nuestra nación necesita ciudadanos que sean valerosos y lo suficientemente osados para abrir sus mentes y decir: «hay algo equivocado con nuestro sistema. La historia se está repitiendo. En vez de ser amigable con los líderes injustos de otras naciones, seamos amigos de todas las personas de aquellas naciones. Necesitamos personas; no necesitamos tiranos». Si fuéramos amigables con las personas que ahora consideramos como enemigos, no tendríamos que gastar billones de dólares en armamentos, pagados con nuestros dólares de impuestos. ¿No es extraño que muy pocos, si acaso algunos, individuos, líderes políticos o periodistas, están difundiendo estas ideas?

En este punto de la historia de la humanidad, nuestra nación es muy importante. No podemos dejar que nuestra nación caiga o sea derrotada por cualquier poder, ya sea el comunismo, el totalitarismo, o cualquiera que sea. Esta nación debe conservar su independencia, pero no a través de los medios equivocados. Los discípulos de la Nueva Era deben despertar y evitar que esta nave se hunda.

La consciencia entera de nuestra nación está enfocada en las posesiones y en dinero, dinero, dinero. Nos hemos cansado y estamos enfermos de ello. Al desarrollar una relación con los demás, nuestros intereses materialistas deben cesar y ser reemplazados por intereses humanitarios e idealistas.

Cuando los intereses idealistas gobiernen nuestras relaciones con los demás, los beneficios materiales fluirán naturalmente. Hay un dicho: «Si ganas su corazón, ganas sus bolsillos; si tomas sus bolsillos, pierdes su corazón». Hemos estado tomando los bolsillos y perdiendo los corazones, tal como otras naciones lo han hecho antes de nosotros.

Estaba una vez en un país que recibió enormes sumas de dinero en ayuda extranjera. A pesar de esto, las personas derrocaron al gobierno y al poder invasor. El dinero no ganó sus corazones. Las personas pensaron: «¿Por qué nos dan dinero cuando ustedes continúan explotándonos y no son nuestros amigos?».

¿Por qué damos millones de dólares a otras naciones, y al hacerlo así, las hacemos nuestras enemigas? Debemos detenernos y cuestionar esta política, porque por muchas razones, esta nación debe permanecer como líder de la humanidad. Existen nuevos comienzos en esta nación, pero hay también muchos enemigos tratando de reprimirlos.

No podemos progresar a través de las acciones represivas. Por ejemplo, si queremos ver el repliegue de las creencias malignas o los gobiernos totalitarios, en vez de reprimirlos, deberíamos tratar de construir algo mejor con lo cual reemplazarlos. La represión solamente trabaja para hacer al mal más fuerte. La represión da como resultado la organización y el fortalecimiento de lo que está siendo reprimido. Una forma sabia de luchar es dar mejores alternativas.

La competencia es desperdicio y separatismo. A través del separatismo no podemos crear paz ni ayudar a las personas a evolucionar. Existen personas enormemente bellas en todo el mundo. Desafortunadamente, su libertad y habilidad para expresarse son aún muy limitadas y están atadas a su estatus financiero. Por ejemplo, una persona que puede estar muy bien calificada para convertirse en presidente, no puede serlo sin enormes sumas de dinero con las cuales se financie este esfuerzo.

Un público bien educado es una avenida a través de la cual tales limitaciones pueden ser rotas. Deberíamos preguntar: «¿Qué clase de persona realmente queremos para presidente?» Al hacerlo así, ponemos ciertas reglas, y luego automáticamente descalificaremos a toda persona que no sea capaz de cumplir esas medidas. Entonces seríamos capaces de dar oportunidades para el liderazgo a los tipos correctos de individuos. Esto puede parecer idealista, pero ya está siendo puesto en práctica, muy lentamente.

Nuestros líderes presentes están haciendo el mejor esfuerzo que ellos conocen. Sin embargo, el pensamiento de la Nueva Era es soñar y demandar incluso mejores líderes. No estamos satisfechos con el nivel de nuestros líderes, porque las pruebas y peligros que ahora encaramos y enfrentaremos en el futuro, son abrumadores. El peligro es universal; no podemos estar ya satisfechos con personas «santurronas», o líderes promedio. Necesitamos individuos avanzados que tengan visión, que puedan contactar el Propósito y el Plan y los traigan a la humanidad. Necesitamos alguien que pueda pensar en forma holística. Sólo entonces nuestros pies permanecerán firmemente sobre terreno seguro. Si no encontramos estos líderes y no los elegimos adecuadamente, continuaremos sentados sobre el polvorín con un fósforo encendido en nuestra mano.

Cierta vez se reportó que habíamos recibido dos señales de que Rusia estaba atacando. Luego de la investigación, se encontró que una señal había venido de una falla de la computadora; ¡la otra fue causada por un pájaro! Si nuestros oficiales no hubieran revisado estos accidentes antes de actuar, todos habríamos sido «cocinados».

Debemos concluir que el bienestar presente de la humanidad es un accidente, esto nos muestra cuán seguros estamos. Todas nuestras civilizaciones y ciudades están descansando sobre un accidente. ¿Cómo pudimos llegar al borde de este desastre con todo el conocimiento, intelecto, instituciones de aprendizaje y sofisticación que tenemos a nuestra disposición?

Un hombre muy anciano una vez me dijo: «En mi opinión, usted puede tomar todas las universidades y colegios que tenemos en este mundo y arrojarlas al océano, porque podemos ver los resultados en nuestros tribunales». Si nuestros sistemas de educación presentes fueran dignos de consideración, no tendríamos los resultados que tenemos. Seríamos una nación próspera, libre de crimen, drogas y así sucesivamente. Sin embargo, algo está muy equivocado, y ello es nuestra filosofía de competencia y represión.

La peor forma de represión es la represión de pensamiento, lenguaje y escritura. Debemos religiosamente resguardar nuestras libertades y no debemos permitir a nadie que nos las quite, incluso de maneras muy sutiles.

Un político de la Nueva Era no está limitado por principios, reglas, regulaciones, obligaciones e ideas antiguas. Cuando él ve que algo está equivocado, se pregunta por qué y rompe las viejas formas, tomando pasos inmediatos para tratar de hacer los cambios correctos. De esta manera progresaremos realmente. Los intereses y el prestigio personal no tendrán ninguna relación con las políticas en la Nueva Era. Los políticos del futuro estarán interesados en el bienestar de la nación en su totalidad y comprenderán que su nación solamente puede estar segura si todas las demás naciones están seguras. Poder, prestigio e intereses personales pertenecen al pensamiento caduco. Necesitamos pensamiento nuevo.

Hay un viejo dicho Armenio que describe perfectamente la forma anticuada de pensar: «Un oso tiene solamente una canción, y bajo todas las circunstancias él canta solamente esa canción». Es interesante observar que la mayoría –si no todas–

las revistas y periódicos que leemos, la televisión que miramos y la radio que escuchamos, cantan la misma «canción». Necesitamos pensamientos de la Nueva Era que nos desafíen con principios nuevos y arrojen más luz sobre la verdad.

En el momento presente, aun no tenemos estos nuevos desafíos en una escala apreciable. Esto es así porque tan pronto como alguien presenta algo nuevo y desafiante, le pisan la cola. Se le dice: «Vas demasiado lejos, siéntate». Los grandes hombres frecuentemente tratan de hacer progresos, pero también ponen en peligro sus vidas. Más grandes hombres y mujeres son necesarios para romper las formas viejas. Necesitamos muchas personas de grandes y nuevos pensamientos, no solamente unos cuantos. Necesitamos miles de personas que piensen con mayor luz; esto nos traerá iluminación.

Dos principios son muy importantes para ser incorporar en nuestras vidas diarias:

1. No competir con las personas ni crear competencia con los demás.
2. No reprimir a las personas.

La competencia debe solamente existir en el deseo de evolucionar. Sólo puede ser tolerada dentro del individuo mismo, no entre dos personas, o grupos o naciones. El individuo puede estar en un punto particular, ver una visión más allá, y querer alcanzar esa visión. Esto es competencia dentro de un individuo.

Cuando creamos competencia entre nosotros mismos y otras personas, nos hacemos egoístas. Odiamos a la otra persona y nos cargamos con las emociones y pensamientos perjudiciales, finalmente derrotando nuestro propio propósito. Tal competencia es un camino que lleva al desperdicio.

La Naturaleza no nos permitirá desperdiciar Sus recursos por siempre. Ella tiene solamente una cantidad limitada. Sin embargo, desperdiciamos acaparando; o peor aún, tirando lo que no podemos vender.

Estamos parados sobre una base falsa. Nuestros niños, nuestros iniciados futuros que están por nacer, deben tener nuevas maneras y medios disponibles para ellos para acercarlos a los problemas que enfrentarán. Una cosa es clara: a partir de las maneras viejas de pensar no se pueden encontrar nuevas maneras. Las estadísticas sobre la economía, los niveles de ingreso, los éxitos y fracasos de negocios, la depresión, el desempleo, el crimen y otros indicadores nos muestran que la situación está empeorando de forma exponencial. Nuestra nación no está sana, ni lo está nuestro globo. Cuando encontramos que nuestro cuerpo no está sano, vamos al doctor. Debemos similarmente encontrar un «doctor» para nuestros problemas nacionales y globales.

Este médico de la Nueva Era debe ser un pensador real que pueda proponer y organizar maneras verdaderamente bellas.

Aquellos que sirven en la Nueva Era no pueden ser criminales que imponen, roban y matan. El mayor poder del Nuevo Grupo de Servidores del Mundo es el amor, la gratitud y el respeto por los derechos de los demás que sus miembros atesoran. No hay separatismo en ellos.

Esto no quiere decir que no habrá conflictos. El amor, la gratitud, el respeto, la paz y la belleza reemplazarán a la competencia, pero aun habrá conflictos. El conflicto real es la tensión creada entre tener una visión y carecer de las maneras y medios para lograr esa visión. El esfuerzo para alcanzar una visión desde el punto en el cual uno se encuentra, es el conflicto verdadero.

Supongamos que tienes como meta convertirte en un médico, pero no tienes los medios económicos para hacerlo. El conflicto empieza: tú haces tu mayor esfuerzo para alcanzar esas condiciones, ese enfoque mental, materiales y libros que te permitan alcanzar la meta de convertirte en médico. Te involucras en el conflicto en contra de tus limitaciones.

Uno no necesita crear un enemigo externo a sí mismo y luego luchar en contra de ese enemigo. Hemos creado seudoenemigos externos y luego luchamos en contra de ellos de manera muy similar a Don Quijote.

En muchos casos, nuestros políticos crean razones para explotarnos. Usamos la misma técnica con nuestros niños cuando decimos: «No vayas afuera porque un lobo te está esperando». En realidad, no hay tal lobo; queremos controlar a nuestros niños, así que inventamos una mentira. Sin embargo finalmente llegamos a creer que hay un lobo, y ya no queremos salir más. Esta es una situación patética. Nuestro conflicto real no es externo, sino entre nosotros mismos y con nuestras propias limitaciones. Debemos romper estas limitaciones.

Cuando rompemos una limitación, nos encontramos enfrentando otra. La imperfección es nuestra única limitación, y éste es el campo en el cual debemos luchar.

8

INTEGRIDAD Y COOPERACIÓN

Nuestras condiciones de vida generalmente son reflejos de las condiciones que existen en nuestros reinos mentales. Si nuestro reino mental es caótico, lleno de agitación y desorden, nuestra vida será caótica, llena de agitación y desorden. Cuanto más armónicos son nuestros pensamientos, más saludables seremos en el plano físico. Un trastorno en el plano mental crea perturbaciones en nuestros centros, glándulas, órganos y sistema nervioso. De esta forma la fuente primordial de nuestra salud es una mente que tenga armonía dentro de su propia esfera.

Por lo tanto, de ello se deriva que la mayoría de las enfermedades físicas son el resultado de condiciones internas caóticas. Debido a esto debemos de tratar no solamente de vivir una vida en cooperación con el mundo externo, sino también crear cooperación con nuestros mundos emocionales y mentales. Nuestros pensamientos, emociones y acciones frecuentemente luchan entre sí, y sin embargo, esperamos una vida feliz y exitosa. Nuestra vida es un reflejo del estado de nuestra consciencia. Expandiendo, purificando y creando armonía en nuestra consciencia, creamos una vida mejor que nos condiciona para la labor cooperativa.

Cuando una persona no tiene integridad interna, se convierte en un problema para aquellos que están tratando de consolidar un gran esfuerzo a través de la cooperación. Una vez mi padre le dijo al administrador de su farmacia: «Quite esa campana agrietada de la farmacia». Más tarde, cuando le pedí que me explicara el significado de sus palabras, él me dijo: «Una campana agrietada es un trabajador que no resuena afinadamente en la orquesta del trabajo. Debemos descartarlo para asegurar el éxito en nuestra labor».

Es importante en la cooperación tener integridad en nuestros pensamientos y acciones, siendo la integridad más necesaria aquella de la naturaleza emocional. En este momento de la historia, la naturaleza emocional de un ser humano es su aspecto más activo, y afecta totalmente a su cuerpo físico y emocional. Si está «fuera de servicio», causa devastación dentro del cuerpo mental y del cuerpo físico.

La integración y armonía emocional se desarrollan en la persona cuando ejerce amor, devoción, dedicación, respeto, fe y aspiración. Cuando estas corrientes de energía circulan dentro del cuerpo astral de la persona, crean armonía e integración, y el cuerpo astral entra por ello en cooperación con los demás cuerpos.

Tener odio y malicia en contra de alguien es la forma más segura de ser afectado por el más ligero movimiento de esa persona. Si empezamos en vez de ello a enviar buenos pensamientos y sentimientos, o le bendecimos, la persona no puede crear más agitación en nosotros. De esta forma no solamente nos protegemos a nosotros mismos del envenenamiento auto-infligido, sino que también le damos a la otra persona una oportunidad para cambiar.

Es importante comprender que nuestro bienestar depende del bienestar de nuestros vecinos, amigos y co-trabajadores. Un líder verdadero debe intentar crear buenas condiciones para todos si quiere vivir en condiciones mejores y más productivas. Esto también se aplica a grupos y naciones.

El pensamiento político en el mundo de hoy en día es obsoleto por un millón de años. El nuevo pensamiento político debe ser desarrollado alrededor de este axioma similar a un diamante: «El bienestar de nuestros vecinos, amigos, cotrabajadores y empleados es más importante que nuestro propio bienestar. Haciéndoles sanos, felices, prósperos, iluminados y seguros trae abundantes bendiciones para nosotros y para el mundo». Este axioma debe ser grabado en los corazones y mentes de políticos y diplomáticos, y también en los de cada ser humano, si queremos cooperación en el mundo.

Las personas tienen mucha curiosidad por saber qué significa la palabra «vecino». Un vecino es el Espacio y todo lo que está en él. La estrella más lejana es tu vecina, si hay amor en tu corazón. Sin embargo, si no tienes amor, incluso los objetos más cercanos no existen para ti. La extensión de tu interés en el bienestar de los demás determina si ellos son tus vecinos o no lo son.

Si la política, la religión, la filosofía y otras disciplinas conducen a la humanidad a su destrucción final, al agotamiento de la capa de ozono, a la contaminación y a las enfermedades resultantes, ello indica que hemos desperdiciado nuestro tiempo, dinero, recursos y energía creando estas clases de política, religiones, ciencias, artes, filosofías y economías que trabajan en contra de nuestra alegría, felicidad y supervivencia. La política, la ciencia, la filosofía, y la religión verdaderas deberán traernos salud, felicidad, prosperidad, cooperación e iluminación.

Nuestra vida en este planeta está ahora en extremo peligro. ¿Hay alguna salida? La solución a la situación en la que estamos se puede encontrar en la actualización del axioma dado anteriormente.

La Ley de Cooperación es una ley global, totalmente inclusiva. La forma superior de economía sólo puede ser lograda a través de la aplicación de la Ley de Cooperación. Las personas pronto descubrirán que la «economía» será impuesta sobre ellas por los gobiernos a medida que el abastecimiento de las diversas necesidades decrece años tras año. Una de las razones por los que habrá un decrecimiento en el abastecimiento es que la Ley de Cooperación ha sido violada.

La competencia, el deseo por mantener una vida de moda y lujos, guerras, revoluciones y construir depósitos enormes de armamentos, han destruido las fuentes de nuestros suministros. «Suministros» significan nuestra agua, aire, alimento, oxígeno y otros recursos naturales. La cooperación podría salvar a la humanidad.

Miles de personas están sin hogar en nuestras ciudades. Ellas duermen y viven en las calles. ¿Puedes imaginar cuánta contaminación crean ellos en la sociedad? ¿No podemos proveerles de hogares y trabajos? ¡Qué desperdicio de recursos humanos! Carecemos de la inteligencia para poner estos grandes recursos en uso productivo. La cantidad que se gasta en una bomba atómica podría cuidar de las personas sin hogar, crear empleos para ellas y demostrar nuestra sabiduría al utilizar la Ley de Economía.

La cooperación es el proceso de hallar elementos potencialmente útiles en la sociedad y traerlos a la fuente común de trabajo, después de equiparlos con hogares, habilidades y un sentido de felicidad y auto-dignidad. Una de las tareas del líder es encontrar dónde y cómo nuestros recursos son desperdiciados y cómo podemos verdaderamente economizarlos.

Reglas para la Cooperación

Si una persona quiere aprender el arte de la cooperación, debe pensar, meditar y poner en acción los siguientes puntos:

- Olvido de sí mismo.
- Inofensividad.
- Correcto hablar.
- Tolerancia.
- Libertad.
- Alegría.
- Inclusividad.
- Admiración.
- Meditación sobre el pensamiento simiente de cooperación.

Hay elementos que **trabajan en contra** de la cooperación y actúan como sus enemigos. Aquí está una lista de algunos, para pensar sobre ellos:

- Hábitos.
- Deseos e impulsos ciegos.
- Inercia.
- Temor.
- Odio.
- Ira.
- Celos.
- Depresión.
- Ambición.
- Venganza.
- Vanidad.
- Ego.
- Separatismo.
- Insensatez.
- Egoísmo.
- Deshonestidad.
- Malicia.
- Calumnia.
- Traición.

Existen también muchos elementos que trabajan para inculcar cooperación, actúan como amigos de la cooperación:

- Disciplina.
- Fuerza de voluntad.
- Esfuerzo.
- Ausencia de temor.
- Amor.
- Tolerancia.
- Inclusividad.
- Alegría.
- Compartir.
- Perdón.
- Humildad.
- Olvido de si mismo.
- Unidad.
- Inteligencia.
- Compasión.
- Honestidad.
- Lealtad.

Cuando la persona se dedica al trabajo grupal, percibirá cómo estos elementos crean dificultades o ayudan a las personas a cooperar cada vez mejor. Un líder debe educar a sus cotrabajadores para eliminar los elementos causantes de problemas y cultivar en ellos aquellos que traigan cooperación mayor y de nivel superior.

Los puntos dados en las listas anteriores pueden ser usados como tópicos de discusión o pensamientos simiente para la meditación. Algunas veces los miembros del grupos deben sentarse juntos y discutirlos, especialmente aquellos que causan problemas. El grupo puede iluminarse a través de esta discusión y mucha conducta inconsciente puede ser cambiada por la luz de dicha discusión. Los miembros del grupo pueden también reunirse para reconocer los elementos negativos que ellos traen inconscientemente, y buscar ayuda de los demás miembros.

Por supuesto que no es sano concentrarse demasiado y con mucha frecuencia sobre las debilidades de los miembros del grupo. Debemos también pensar, hablar y discutir sobre los elementos positivos, aquellos que contribuyen al trabajo de cooperación. Al pensar y meditar sobre los elementos positivos, el grupo aumenta su eficiencia, espíritu cooperativo y alegría. El éxito, cuando se reconoce, siempre trae mayor éxito.

Elaboremos un poco más sobre unos cuantos elementos positivos.

Ausencia de temor es una actitud y un estado de consciencia basado en la decisión muy sabia e inteligente de comprometerse en una gran labor, sin importar el sacrificio personal involucrado.

Tolerancia es la habilidad para dar a los demás una oportunidad para pensar, sentir y actuar en cualquier forma que ellos quieran, mientras no violen la libertad y los derechos de las demás personas. La tolerancia es la habilidad para darles a los demás una oportunidad para expresarse a sí mismos, para permitirles que te muestren lo que ellos son y lo que pueden hacer. La tolerancia es la habilidad de darles a las personas la libertad para profesar su religión, para permitirles convertirse en lo que ellas quieran ser, y para servir de la forma en que ellas quieran servir. Solamente las personas tolerantes pueden cooperar de todo corazón con los demás.

Inclusividad es la cualidad más sobresaliente de una mente científica y realista. La negación no existe en una persona inclusiva. La persona aprende de todo fenómeno o evento, observando estrechamente todo lo que ocurre. Estas personas pueden convertirse en grandes co-trabajadores porque no pueden ser influenciadas por personas separatistas de modo que pierdan su sendero.

Perdón es cómo limpiar las tuberías y restablecer el flujo de comunicación.

Esfuerzo es una gran virtud con la que se necesita contar en esfuerzos cooperativos. A menos que todos avancen y progresen, es imposible mantener el equilibrio del grupo o alcanzar metas superiores. La cooperación requiere progreso; aquellos que no se esfuerzan, no pueden mantener el paso con el progreso en curso y se convierten en obstáculos sobre el sendero del grupo. El esfuerzo también significa omitir los problemas personales y familiares en beneficio del grupo tanto como sea posible y comprometerse en el trabajo grupal sin crear diversos problemas.

Algunas personas vierten sus problemas personales y familiares en el grupo cuando no pueden manejarlos por sí mismos. Los grupos tienen muchos problemas con estas personas, especialmente cuando ellos involucran a un gran número de miembros en estos asuntos personales y familiares. Afortunadamente, existen también aquellos que se mantienen temporalmente a distancia del grupo, hasta que resuelvan sus problemas.

Humildad es el resultado de conocerse a sí mismo en la realidad y en el hecho. Esto no significa que la persona se haga humilde si conoce los nombres y números de sus errores, fracasos y maldades. Conocerse a sí mismo es conocer cuán lejos uno está de su destino final y cuán duro debe esforzarse para lograr el progreso requerido.

La **Alegría** puede ser retirada de la persona si desarrolla dependencia sobre su propia seguridad, posición o posesiones. Su alegría le puede ser arrebatada por aquellos objetos que piensa que le traerán seguridad. Para proteger estos objetos hará todo lo posible, actuando en contra de la Ley de la Alegría. Para evitarlo, la persona debe crear una condición en la que renuncie a todo. La alegría entonces aumentará.

La alegría es la fuente de todas las bendiciones. Cuando la persona pierde su alegría, pierde todo y se convierte en una máquina. Las personas alegres son las mejores co-trabajadoras. Se puede confiar en ellas.

Aquellos que tienen los elementos negativos enumerados anteriormente son aquellos que albergan profundos sentimientos de culpa. No es sorprendente que aquellos que tienen culpas ocultas actúen de maneras negativas y causen problemas en su medio ambiente. Las personas que están manejadas por las culpas no pueden cooperar en ningún proyecto que esté relacionado a la transformación del mundo.

Asignar a una persona con sentimientos de culpa a una posición de responsabilidad hace que peligre cualquier proyecto porque ella ve las cosas desde el punto de vista de su culpa y juzga mal a las personas y a los eventos. Algunas veces, en una situación grupal sus recuerdos de culpa son re-estimulados intensamente de modo que ellas hacen todo con irritación, lo cual crea fricción y problemas en el grupo.

Tanto como sea posible, los miembros de un grupo deben estar libres de complejos profundos de culpa y relativamente libres de preocupaciones y ansiedades. Es difícil, por supuesto, encontrar personas libres de complejos de culpa, pero es posible planear una currícula[1] especial y ejercicios para ellas, para que puedan liberarse de todos estos complejos. Tal proceso debe ser conducido durante un largo periodo de tiempo, y la conducta de estas personas debe ser observada cuidadosamente para estar convencidos de que es seguro aceptarlos en el grupo.

---

1. Currícula (también *currículo* o *curriculum*): del latín *curriculum vitae*, historial académico y profesional de una persona, conjunto de cursos y temas que deben cursarse para obtener un grado académico o profesional.

Algunas señales de los complejos de culpa, entre muchas otras, son:

- Pérdida de memoria o memoria débil.
- Irritabilidad.
- Depresión.
- Inclinación a discutir.
- Pereza.
- Pesimismo.
- Temor.
- Salud débil.
- Dificultad para dormir.
- Aislamiento.
- Negligencia.
- Abstracción mental.

Hasta que las personas no puedan demostrar cooperación en sus familias y negocios, uno debe evitar incluirlos en grupos avanzados o comprometidos en esfuerzos sensibles. Algunas veces los grupos espirituales son como asilos donde viven muchas personas estrafalarias y con problemas mentales. Sin embargo un grupo espiritual real debe demostrar:

a. Factualidad y realismo.
b. Espíritu práctico, «con los pies en la tierra».
c. Razón, lógica.
d. Creatividad, inteligencia.
e. Trabajo.
f. Cooperación.

A esto se debe que el aumentar los miembros de los grupos espirituales debe ser un proceso muy lento y gradual. Solamente las personas que han sido probadas y purificadas deben ser permitidas de entrar a ser miembros del grupo para llevar a cabo la labor cooperativa.

Los egoístas son incapaces de cooperar en cualquier meta no egoísta, basada en el humanitarismo, a menos que aseguren primero sus intereses separatistas. «Ego» significa «Todo para mí –a menos que trabajes para mis intereses, no estaré aquí». El ego impone sus ideas y opiniones sobre los demás y no les da oportunidad de hablar a sus mentes.

El separatismo impide el éxito en los esfuerzos cooperativos porque, cuando la persona entra al grupo para asegurar un interés separatista, siempre será un punto de división. La cooperación no puede existir con divisiones y separatismos.

La insensatez es muy perjudicial en los grupos. Una persona insensata es aquella que trabaja en contra de su propio interés, evolución y supervivencia. Una persona insensata puede tener metas elevadas, pero trabaja en contra de ellas.

Libre Albedrío y Cooperación

Algunas veces las personas se preguntan si la cooperación es una violación del libre albedrío. En realidad, lo que llamamos libre albedrío está generalmente compuesto, entre otros, por estos elementos:

- Deseos.
- Instintos e impulsos ciegos.
- Emociones positivas y negativas.
- Sugestiones posthipnóticas.
- Eventos e imágenes profundamente impresionados.
- Reacciones.
- Respuestas.

La mayoría de las veces funcionamos bajo la voluntad de estos factores, como una máquina, creyendo que estamos actuando bajo nuestro propio libre albedrío. Este es el autoengaño más grave que la persona puede tener.

La fuerza de voluntad real y el libre albedrío no pueden funcionar en nosotros excepto cuando nuestra consciencia está enfocada en el plano mental superior, el plano Intuicional o aun en planos más altos. En la medida en que avanzamos a estos planos, perdemos nuestro «libre albedrío» o voluntad mecánica y nos fusionamos con la voluntad de Fuerzas Superiores, fuerzas creativas y finalmente con la Voluntad del Padre. Este es el momento en que renunciamos a nuestro «libre albedrío».

Mientras más tiempo uses tu «libre albedrío», mejor esclavo serás de tu ser inferior. Por esto, debes liberarte de tu naturaleza mecánica y descubrir aquellas fuerzas, influencias, impulsos, instintos, vanidades, ilusiones y espejismos que actúan en nombre del «libre albedrío». La cooperación finalmente nos muestra cómo renunciar a nuestro libre albedrío y fusionar nuestra voluntad con la voluntad del Bien Común, dentro de la visión del grupo.

Es posible descubrir el lado mecánico de nuestra naturaleza haciéndonos las siguientes tres preguntas y tratando honestamente de contestarlas:

- ¿Por qué estoy pensando, hablando y actuando de la forma que lo estoy haciendo?
- ¿A qué o a quién estoy sirviendo?
- ¿Quién y qué me está controlando?

La cooperación es exitosa si podemos responder a estas tres preguntas sinceramente. Además debemos preguntarnos a nosotros mismos: «¿Qué es lo que en mí está causando que rechace la cooperación?»

Tal como es con nuestro libre albedrío, así lo es con nuestro pensamiento. El pensamiento verdadero y original es imposible a no ser que seamos capaces de detener o controlar nuestros procesos de pensamiento mecánico o reacciones mentales ciegas. Si observamos los pensamientos que transcurren continuamente a lo largo del día, veremos que ellos sirven a nuestras necesidades físicas, ego, emociones, deseos, impulsos e instintos, ya sea tratando de solucionar ciertos problemas o creando problemas. Este pensamiento no es pensamiento verdadero.

El pensamiento verdadero empieza cuando los pensamientos de la persona comienzan a encontrar las maneras y medios para actualizar la visión de un grupo, para solucionar los problemas que dificultan la actualización de la visión, o para crear mayor cooperación con aquellos que están dedicados a la visión. El pensamiento mecánico lentamente se desvanece cuando la mente se compromete con la visión e intenta actualizarla.

El pensamiento real se inicia cuando la persona deja de pensar en sí misma, en sus intereses egoístas, y libera su pensamiento para abrazar visiones cada vez mayores.

9

AMISTAD

La amistad es la base sobre la cual la consciencia grupal se construye y la cooperación se aprende y practica. De hecho, nuestra estructura social en su totalidad se construye sobre la amistad. El éxito de los esfuerzos cooperativos y de la consciencia grupal es dependiente de la calidad de las relaciones entre las personas. La amistad forma la mejor calidad con la que se construyen estas relaciones. Algún día la importancia de la amistad será reconocida; filósofos, psiquiatras y psicólogos escribirán sobre la ciencia de la amistad.

La amistad se presenta de muchas maneras. Los amigos en el sentido familiar de la palabra son una forma; tu familia representa otra forma. Tu grupo y tus co-trabajadores también son amigos. Una forma de amistad es tener un grupo de co-trabajadores. Tu nación es una clase de amistad –sin amistad, no hay nación. Cuando todas las naciones están unidas, hay amistad internacional. Por lo tanto, vemos que la amistad toma muchas y diferentes maneras.

¿De dónde surge el impulso de tener amigos, tener familias, tener grupos e iglesias, organizaciones y naciones? Quizás la respuesta a esta pregunta yace en la creencia de que **todo ser humano es una pieza de un gran rompecabezas. Cada «pieza» trata de encontrar las demás «piezas» para completarse a sí mismo.**

Existe en nosotros un impulso de hacer amigos; no podemos vivir por nosotros mismos. Dependemos cada minuto de algo, de alguien más en algún lado y en algún grado. La amistad es un principio, una ley. Incluso sin conocer esto conscientemente, las personas buscan la amistad –es un impulso innato en los seres humanos. Las pequeñas «piezas del rompecabezas» se están buscando y encontrándose entre sí, y eventualmente una porción mayor del rompecabezas se completa. Luego las porciones más grandes empiezan a buscar a otras. Finalmente el rompecabezas integral estará completo.

Cada pieza del rompecabezas tiene cuatro dimensiones. Las piezas se juntan física, emocional, mental y espiritualmente. Digamos que el rompecabezas en su totalidad forma la humanidad una. Si la humanidad dice: «Somos una raza», entonces el aspecto físico del rompecabezas se construye. Luego de ello, hacen mejores ajustes emocionalmente, e incluso un ajuste más fino mentalmente. Finalmente viene un ajuste muy fino espiritualmente. Cuando esto último ocurre, cada pieza del rompecabezas habrá encontrado su posición correcta, su ubicación correcta.

Una vez que encuentras tu posición verdadera y las partes verdaderas con las que has completado el cuadro, inmediatamente incrementas tu valor y el valor de los demás. Como una pieza pequeña, no tienes valor, a no ser que te unas con la siguiente pieza del rompecabezas y te hagas más y más grande. A medida que haces más conexiones y te haces más completo con las demás piezas o porciones del rompecabezas, tu valor se hace más grande. Creces y te expandes hasta que tú y el cuadro integral se hacen uno. Finalmente puedes decir: «Soy el cuadro» –estás completo; estás realizado.

Esta es una ciencia sobre la que las personas deberían escribir, en vez de escribir sobre el crimen, los chismes, o los asesinatos. Los niños están leyendo estas cosas perjudiciales y están pensando: «podemos ser destructivos como nuestros líderes y modelos de rol». ¿Por qué existe tan poco escrito y hablado sobre temas como la amistad? Debemos escribir y hablar más sobre esta ciencia.

No puede haber éxito, ni complementación, integridad o totalidad hasta que cada individuo sea un todo. Una persona puede ser un «todo» solamente cuando encuentra todas aquellas «piezas» y se adapta a ellas. Estas «piezas» pueden todavía ser antagónicas entre sí porque no han encontrado su propia ubicación. Deben traerse a su lugar correcto y convertirse en parte del cuadro mayor.

Todo ser humano que inicia una amistad debe continuarla hasta completarla. La amistad existe solamente en cercanía continua y en complemento con las demás porciones del rompecabezas. Por ejemplo, si tienes una novia, vas a completarte física, emocional, luego mental y espiritualmente. Cuando tú creas una familia, esa familia debe ser parte de una familia mayor, un grupo mayor y una nación mayor. De esta manera estás creciendo y expandiéndote. La verdadera amistad no existe a menos que haya progresado, se haya expandido y se haya hecho totalmente inclusiva.

La enfermedad de la humanidad se basa en la ignorancia de este principio. Cuando las personas forman grupos, frecuentemente dicen: «Otros grupos son gentuza». Cuando nos convertimos en una nación decimos: «Somos la mejor nación; otras naciones no son nada». Muchas de las actividades en las que nos comprometemos para organizarnos están primariamente direccionadas a destruir a los demás. Esto trabaja en contra de la ley y el principio del **impulso constructor del rompecabezas.**

La política verdadera, los políticos verdaderos, nos dirán: **«Únanse más y más. Creen relaciones mejores y más estrechas.**

Creen relaciones mejores en planos superiores con mayor creatividad y mayor inclusividad». Esto es lo que la **verdadera** amistad es. Este es el fundamento.

Pasos para construir la Amistad

1. **Ser amigos significa tener compromiso.** Sin compromiso, la amistad carece de fundamento. Si la amistad se basa en el auto-interés y la explotación de los demás, no es amistad. Si soy tu amigo, entonces voy a comprometerme con tu bienestar. Si no hay compromiso, no hay amistad progresiva. Existen muchos obstáculos a lo largo del camino que trabajan para impedir el compromiso; pero eventualmente la persona sabia encontrará las maneras y los medios para saber manejarlos.

Cuando hay compromiso, la amistad se inicia. Por supuesto, con el compromiso vienen dolores de cabeza, problemas, obstáculos y complicaciones. Pero esto es bueno, porque cada dificultad, impedimento, complicación y obstáculos puede extraer de nosotros todos aquellos elementos que no contribuyen al proceso de construcción del rompecabezas, siendo así eliminados.

2. **En la construcción de la amistad se necesita tener una visión.** ¿Cuál es tu visión de la amistad? Es la visión la que acerca más entre sí y une.

Las personas piensan que pueden crear totalidad sin una visión. Esto no es verdad. Si la humanidad tuviera la visión de crear la raza más saludable y próspera en esta Tierra, cada nación trabajaría hacia esa visión. Si tienes un amigo, debes crear una visión. Pregunta: «¿Por qué nos juntamos?» Las respuestas a esta pregunta revelarán muchas cosas –cosas falsas, cosas buenas, cosas correctas, cosas «cuadriculadas», cosas «redondas» y así sucesivamente. El compromiso viene primero, luego la visión.

Un grupo debe tener visión. Una iglesia, una nación, una familia deben tener visión. Si los miembros de la familia van en direcciones diferentes sin una visión común, esa familia no puede continuar. No puede encajar como una porción grupal dentro del cuadro mayor del rompecabezas.

3. **Cada persona debe pensar y preguntarse: «¿Cómo puedo hacer más saludable, más feliz, más próspera y más iluminada a la otra persona?»** Si dos personas no están pensando en la salud de cada uno, ellos se están explotando mutuamente. Cada uno debe pensar: «La salud de este hombre o mujer es mi salud; la salud de este grupo es nuestra salud; la salud de esa nación es también nuestra salud». ¿Cómo podemos hacer para que los individuos, grupos y naciones piensen en esto? Nuestro principal interés debería ser cómo hacernos mutuamente más saludables, más felices, más prósperos y más iluminados.

Es importante descubrir maneras para hablar sobre estas cuestiones. Cuando están comiendo o nadando juntos, hablen sobre estas ideas con sus amigos. Pregúntales: «¿Cómo puedo hacerles más saludables?» Conozco muchas familias donde el esposo bebe hasta la mañana y obliga a su esposa a beber. Esto no es amistad. O el esposo gasta mucho dinero en los juegos de azar mientras la esposa llora y se siente desesperada. Él dice: «Te amo. Aquí están quinientos dólares; compra algo» y luego al día siguiente desaparece. No hay compromiso, no hay visión ni ningún interés en hacer a los demás más saludables y más felices en tales situaciones. Pregunta: «¿Cómo puedo hacerte más feliz? ¿Cómo puedes hacerme más feliz?» No olvides que la amistad es mutua. Estos son conceptos básicos, y si no fueran puestos en práctica, las familias, grupos o naciones no existirían.

Catorce Principios Básicos para la Amistad

1. **Lealtad y confianza.** Ofrece una gran liberación psicológica tener un amigo con quien puedes hablar y abrir tu corazón, quejarte de la vida, llorar por ello –cualquier cosa que quieras. Si tienes este tipo de amigo, él es el mejor psiquiatra. Tal amigo debe ser honrado y leal. Tú debes ser digno de confianza y leal reciprocidad. Conozco muchos amigos que empiezan de esta forma: «¿Serás mi amigo?» «Está bien». «¿Podemos contarnos nuestros secretos mutuamente?» Luego diez días más tarde se odian mutuamente y revelan los secretos de cada uno, por todos lados. No hay compromiso, ni visión ni interés por el bienestar de cada uno.

Las personas estudian tales cosas como ocultismo, magia, las estrellas, cartas de tarot, la Kábala. Estúdialas si te gustan, pero más importante, conoce y practica las reglas básicas de la amistad primero. Sin establecer amistades correctas, no estás construyendo el rompecabezas. Mi padre solía decir: «Una bolsa puede contener diferentes cosas, pero no deja de ser una bolsa debido a lo que contiene». **No puedes progresar en el proceso de construir el rompecabezas si no encuentras un amigo y no eres un amigo. No hay progreso en la vida excepto en el sendero de la amistad.**

Mientras más profunda y más real es tu confianza, mayor es la alegría que experimentarás en tu familia o en cualquier amistad. ¿Tienes algún amigo en el que realmente puedes confiar? ¿Podrías confiar tu propio corazón, toda tu cuenta bancaria, todos tus secretos a ese amigo? ¿Es él digno de confianza y leal contigo? Si es así, él es una bendición muy rara.

A un Gran Ser una vez se le preguntó: «¿Quién es el ser humano más avanzado?» Él contestó: «El ser humano más avanzado es aquél que es el amigo de todos». ¿Puedes tú ser este tipo de amigo? Las personas tienden a decir: «¿Qué hay de esa persona y de esta persona? Ellos me odian y me calumnian y hacen otras cosas terribles. ¿Por qué debería ser su amigo?» Estas personas están viviendo como una sola pieza más que como parte del rompecabezas integral. Algunas veces en el plano físico somos ostentosos y pretendemos amarnos y respetarnos mutuamente como amigos muy cercanos, mientras que en las capas más profundas estamos realmente odiándonos mutuamente. No confiamos. Esta es la tragedia de la vida humana.

Construimos familias, construimos grupos, construimos naciones, sin embargo, la mayoría de ellas está basada en el auto-interés. Estos grupos que han sido construidos de esta forma no son grupos avanzados. Generalmente, no hay compromisos en ellos, ni visión ni tampoco esfuerzo por el bienestar de los demás.

2. **Diligencia**. La amistad no puede continuar y crecer si las personas comprometidas no son diligentes. La diligencia empieza desde el hogar y continúa hacia afuera. Una vez visité un hogar donde la mujer cocinó la comida que su esposo sirvió. Mientras la mujer encendía su cigarrillo, el hombre recogió y lavó los platos. Él estaba nervioso y con odio, y la mujer no le ayudaba en nada. Yo pensé: «No hay diligencia aquí, ni cooperación». Su hijo sacó un gran tapete de juego y unos cuantos juguetes, los descargó sobre el piso y los dejó ahí. Ni el esposo ni la esposa lo notaron. No hay diligencia en esta relación.

Las mujeres y los hombres necesitan satisfacerse y completarse mutuamente haciendo cosas incesantemente el uno para el otro. Aprendí esto de mi madre. Ella se levantaba a las cuatro en punto cada mañana. Para cuando todos estábamos levantados, el desayuno ya estaba listo en la mesa. Ella incluso había dispuesto nuestros zapatos y ropas, todo planchado y preparado para vestir. Cuando mi padre regresaba a casa en la noche, la mesa estaba siempre preparada. Le pregunté: «¿Mami, cuándo cocinaste todas estas cosas?» «Oh, ayer preparé la mitad y esta tarde cocinaré más». Ella tenía un plan que satisfacía las necesidades de los demás. Ella quería que sus niños y su esposo estuvieran sanos, felices, prósperos, alegres e iluminados.

Si la persona es perezosa, sus amistades no pueden continuar. Eventualmente los demás se vuelven cada vez más fríos hacia ella. Todas las partes deben empezar a trabajar juntas en los niveles físicos, emocionales y mentales, e incluso extenderlo hacia los demás en diversas localidades geográficas. La inercia siempre trae estancamiento; el trabajo trae luz y felicidad. Algunas veces las personas piensan que esta es una regla muy insignificante, pero verdaderamente, es una de las reglas principales en la familia y demás vida grupal.

Un día, como una prueba de diligencia, dejé caer un pedazo de papel sobre el piso de un salón de conferencias. El papel permaneció ahí por tres días; nadie lo recogió.

En vez de devorarse mutuamente, las naciones necesitan ayudarse mutuamente de modo que tengamos salud y prosperidad universales, felicidad e iluminación universales. ¿Has escuchado estas palabras en las bocas de nuestros candidatos políticos? Deberíamos preguntarles: «¿Por qué razones está usted presentando su candidatura? ¿Va a unir a nuestra nación, aumentar la felicidad, salud y belleza de nuestra nación, como también la de las demás naciones? Si es así, vamos a votar por usted». ¡Esto es liderazgo! **Un gran líder es el amigo verdadero de la nación.** Algunos líderes son líderes para su billetera; algunos son líderes para su posición de poder e influencia. Pero los verdaderos líderes lloran por los problemas de su nación y trabajan para eliminarlos.

3. **No imposición**. Cuando tratas de esclavizar a un amigo, eventualmente lo pierdes. Lo pierdes debido a la imposición en cualquiera de sus formas –sugestiones, pensamientos,

tus modales, tu lenguaje y tu escritura, o tu comportamiento. Si estás haciendo esclavos a tus amigos, a otros grupos, y otras naciones, estás perdiendo de vista tu meta en la vida.

No debes esclavizar a nadie. Algunas personas con mentes muy limitadas piensan que solamente existe la amistad si construyen una jaula alrededor uno del otro. Esto no funciona. Mientras más grande es la amistad, más grande es la libertad entre los amigos. No-imposición significa no imponer tus deseos físicos y tus impulsos, tus arrebatos emocionales, tus pensamientos, tus principios, tus ideas y tus diplomas sobre los demás. Cuando no impones estas cosas, haces que tus amigos florezcan. Toda imposición es una jaula artificial que construyes alrededor de tus amigos.

4. **Desafía a tu amigo siendo tú mismo un ejemplo.** Si quieres que tu amigo empiece a estudiar para aumentar su conocimiento y para ser exitoso; puedes inspirarlo y desafiarlo haciendo esto tú mismo. Cuando él ve tu ejemplo, esta imagen es lentamente impresionada sobre él y evoca similar esfuerzo dentro de su corazón.

Cierto día sugerí que las sillas en el templo se arreglaran de cierta manera. Todos continuaron hablando, así que empecé a arreglar las sillas yo mismo. Cuando las personas vieron esto, dejaron de charlar y me ayudaron. Con tu ejemplo, puedes desafiar a los demás. Desafíalos con tu belleza, con tu sabiduría, con tu inteligencia, con tu pureza, con tu fuerza, porque quieres que tu socio, que tu amigo, sea tan bello –incluso **más** bello– que lo que tú eres. Así es como la amistad se construye.

Algunas personas están celosas del éxito del otro. Algunos hombres se dicen a sí mismos: «Dios mío, mi esposa se está convirtiendo en alguien. Mírala. No me gusta eso». Cuando el negocio de su esposa se hace más grande y más exitoso, el hombre se siente más pequeño. En vez de ello, se debería sentir más grande porque ella es la porción del rompecabezas que forma parte de su grupo, su nación. Cuando nuestra nación está ganando en las Olimpiadas, nos sentimos orgullosos. Deberíamos sentirnos igualmente orgullosos si los demás en nuestro entorno son exitosos.

Desafía con el ejemplo. Si quieres que las personas trabajen más duro, entonces tú debes trabajar más duro. Hace varios años un grupo de nosotros tuvo un retiro en la comunidad montañosa de Crestline. Cada mañana me levantaba a las cuatro, hacía ruidos para que los demás pudieran escuchar que había empezado mi día, y luego empezaba a meditar. Cuando abría mis ojos, veía a todos meditando, así que en silencio desaparecía en el bosque. Si yo hubiese dicho: «Son las cuatro en punto, todos deben levantarse y ponerse a meditar», ellos habrían empezado a refunfuñar, porque no había un ejemplo a seguir. Desafía a los demás con tu ejemplo, con tu silencio, con tu alegría, con tu ausencia de temor, en vez de emitir demandas. Esta es la amistad.

5. **Libertad**. Deja que tus amigos sean libres. Cuando cierta vez organizaba un grupo, algunas personas me aconsejaron diciendo: «Hemos leído tus estatutos y no son lo suficientemente forzosos». Pregunté «¿Por qué no?» «No estás incluyendo ninguna ley para controlar a la membresía». Les dije: «Un grupo controlado es un grupo muerto». Debemos dejar a los demás en libertad para ir al infierno o al cielo. Sólo esta libertad les enseñará cómo crecer.

Si tu socio se abstiene de cometer equivocaciones a causa del miedo, esto no le evitará que en el futuro cometa equivocaciones una vez que su miedo sea eliminado. En la libertad, nuestras virtudes se prueban y en la libertad estamos expuestos uno al otro.

6. **La amistad crece con el respeto.** Usualmente cuando las personas se frecuentan por unos cuantos meses, se pierden el respeto mutuo. El respeto debe ser una cualidad continua en la relación, especialmente en los grupos.

Cuando una persona se hace miembro de un grupo por primera vez, respeta a los otros miembros. Pero diez meses más tarde su respeto empieza a desvanecerse. El respeto es el cemento de la amistad. Debes respetar a los demás incluso cuando estés enojado. Si vas a decir algo, dilo con respeto. Manteniéndote en un estado de respeto, tú funcionas desde la mente superior, desde el alma, y no desde la personalidad.

La falta de respeto muestra que estás motivado por –y estás actuando a través– de tus vehículos de la personalidad. El respeto te eleva para que veas las cosas claramente. Es muy bueno verificar y ver si mantienes aún el respeto en la vida de la familia y con las amistades. ¿Tiras las puertas y destruyes las cosas cuando estás enojado, o puedes mantener el respeto?

Mientras visitaba Alemania, di una asignación a ciento noventa personas que asistieron a un seminario sobre el sacrificio y el servicio, diciéndoles: «¿Por qué cada uno de ustedes no escribe algo sobre el servicio y lo publica?» Más tarde recibí una carta de ellos diciendo que habían publicado un folleto, una colección de todos los artículos que escribieron. La creatividad grupal surge cuando las personas no se sientan como repollos, sino que toman los pensamientos simiente –ideas y visiones– regresan a casa y escriben artículos según su comprensión del tópico. Pueden incluso crear algo que puede recopilarse en un libro o en una revista maravillosos. Este evento me dio la señal de que todos los elementos de la amistad y la consciencia grupal estaban funcionando.

7. **Gracia y refinamiento.** El respeto es belleza, pero la gracia y el refinamiento deben trabajar con él. Puedes ver mu-

cho en cómo una persona camina –elegante y refinada, o tosca y «cuadriculadamente» carente de refinamiento. Necesitamos refinamiento en nuestro pensamiento y lenguaje, refinamiento en nuestros modales y forma de vestir. Pregúntate sobre tu amigo: ¿Es él o ella refinado(a)? Una amistad refinada y un amigo refinado son imanes. Amas al amigo porque es grácil, sensible, considerado y respetuoso.

Mi madre solía decirle a mis hermanas: «No hay perfume tan precioso como la gracia de una mujer». Siempre recordaré la gracia de mi madre. Mi familia fue muy rica en un tiempo. Mi madre mantuvo su gracia y refinamiento incluso cuando perdimos todo. Nunca escuché una palabra sucia de su boca. Lo peor que ella hizo fue mantenerse en silencio, con una sonrisa.

Si tu esposo, esposa, novia o novio te irritan, no te expreses inmediatamente de manera violenta. Mantén tu gracia. Si puedes hacer esto, te estás convirtiendo en una pieza más refinada del rompecabezas. Esto significa que en vez de sólo ser físicamente una pieza pequeña del rompecabezas, también estás convirtiéndote emocional, mental y espiritualmente en una parte de él, y una porción real del rompecabezas habrá sido construida. Cuando eres «construido», das una oportunidad a los demás para que sean «construidos».

8. **Esfuerzo hacia la belleza.** Los amigos deben esforzarse hacia la belleza. ¿Están todos esforzándose hacia la belleza en tu grupo? Si todos se están esforzando, tienes un grupo bello, una familia bella. Algunas veces puedes ver a las familias vestidas bellamente, aprovechando un día de campo. Dices: «Que bella familia es ésta». Si ellos también son bellos en otras formas, tanto mejor será esa familia. Esfuérzate hacia la belleza con tu creatividad.

Cuando regreses a casa, observa la belleza allí existente. Cuando vayas a la oficina, observa también la belleza que hay allí. Estos lugares deberían hacerse bellos. Debes esforzarte hacia la belleza en todo.

9. **La amistad debe tener un sentido de responsabilidad.** ¿Qué estás haciendo? ¿Sobre qué hablas? Recuerda, no estás solo: estás afectando a tus amigos. Es importante tener el control real sobre tus modales, acciones, emociones, pensamientos e incluso motivos. Algunas personas sonríen a otra persona pero luego piensan mal de ella. Esto no funcionará. Vas a sentirte responsable de tus motivos, acciones, pensamientos, palabras y así sucesivamente. Si hacemos esto, ganaremos en felicidad y salud.

El auto-control y un sentido de responsabilidad hacia tus amigos ayudarán a eliminar diversas fuentes de tensión en tus relaciones. La mayoría de los problemas de salud en nuestros hogares son el resultado de la tensión. Cuando hay tensión en un grupo, hay mala salud. Cuando hay tensión en la familia, hay enfermedad. Cuando dos amigos no están felices, su corriente sanguínea, cerebro y diversas glándulas no están funcionando apropiadamente; la tensión los está matando. Esto no es solamente filosofía –es información fáctica comprobada científica y médicamente.

El sentido de responsabilidad es muy importante. Debe ser cultivado desde el inicio en nuestros niños para que sientan la importancia de la responsabilidad. Una vez asistí a una cena para quince personas. Disfrutamos de una maravillosa cena. Cuando terminamos, la anfitriona le dijo a sus tres hijas: «Por favor, muchachas, retiren el alimento y los platos de la mesa y límpienlos en la cocina». Las hijas estaban acostadas en el sofá con sus pies contra la pared. «Mamá, estamos descansando», dijeron ellas. Me sentí muy mal por esto; ella estaba tan cansada que fui a ayudarle en la cocina. Aquellas muchachas no tuvieron ni un poco de responsabilidad hacia su madre. Finalmente se me ocurrió que esta mujer había descuidado enseñarles a sus hijas la responsabilidad. Cada vez que sea posible, debemos enseñarles a nuestros niños cómo cooperar y sentirse responsables por sus acciones. Debe existir un sentido de responsabilidad en el hogar. Cuando no hay sentido de responsabilidad, no podemos tener éxito como familia.

Considera este ejemplo: una mujer va a Las Vegas, pierde cuatro mil dólares en juegos y crea una situación de insolvencia en las finanzas de la familia. Este no es un sentido de responsabilidad. En otro ejemplo, la mujer no tiene zapatos adecuados, pero el hombre compra varios pares para él. Esto no es responsabilidad. Tener un sentido de responsabilidad es muy importante, especialmente cuando perteneces a un grupo de cualquier tamaño.

10. **Economía en todo.** La amistad no puede crecer si no hay economía –economía de sexo, de dinero, de recursos naturales– de todo.

La economía significa desembolsar todo lo que tienes y todo lo que eres, con un propósito que lleve a los objetivos. Si tus desembolsos están satisfaciendo la visión y la meta de la amistad y la familia, eso es aceptable. La economía no es tacañería; es invertir el dinero en el sitio correcto, por la razón correcta, en el momento correcto.

Por ejemplo, algunas veces veo luces eléctricas encendidas innecesariamente; algunas veces los grifos de agua se dejan abiertos sin atender. No es tanto el aspecto financiero de las luces y los grifos lo que es tan importante, sino la carencia de responsabilidad, el desperdicio. Las personas que desperdician no pueden ser ricas; no pueden disfrutarlo porque no tienen el sentido de responsabilidad. El sentido de responsabilidad es una señal de tener verdaderamente un cerebro para que la riqueza pueda ser disfrutada.

Economizar significa cooperar con la economía de la Naturaleza, con las Leyes de la Naturaleza. La Naturaleza no desperdicia. Todo se usa al máximo para que todo organismo viviente pueda ganar un beneficio. Esto es cooperación real en funcionamiento.

La economía deberá empezar en el hogar. Si haces esto, verás cómo la amistad aumenta cuando hay economía en todo.

11. **Ausencia de vanidad y de ostentación.** Las personas algunas veces piensan que no atraerán amigos a no ser que se exhiban, diciendo: «Soy un catedrático. Tengo muchos diplomas». ¿Puedes ser algo sin exhibicionismo o sin tener vanidad? Muchas amistades se rompen porque una parte es muy vana. El exhibicionismo debe detenerse en todas las áreas, si quieres crear mayores amistades.

En la amistad necesitamos también tener los siguientes tres principios:

12. **Disciplina.**
13. **Sacrificio.**
14. **Un espíritu no-manipulador.**

Estas catorce reglas, si se aplican, cambiarán a tu familia, grupo y vida nacional.

Cada vez que conduzco diariamente mi automóvil a mi hogar, observo a un vecino regando su jardín de tal manera que el agua corre a través de la carretera creando surcos y hoyos de varias pulgadas de profundidad. La carretera se repara, pero él continúa regando en exceso y causa nuevos surcos. Él no piensa en quienes tienen que conducir por esa carretera, ni en el daño que genera a los automóviles. Esta persona no tiene sentido de responsabilidad.

Algunas personas, en su entusiasmo, imponen a los demás las cosas que ellos sienten que son correctas. Pero **cualquier acción correcta impuesta es errónea.** Fanatismo, ceguera, chauvinismo son muy posibles productores de «derechos impuestos». Si conoces algo muy bello, no lo impones sobre los demás. Solamente las personas «ciegas» imponen sobre los demás. Ellas dicen: «Esta es la única religión, este es la única forma de volar». Hay millones de formas para volar. La imposición es miopía. No debes imponer nada. Por esta razón, decimos: «Desafía a los demás; inspíralos». Esto significa despertar el sentidos de sus valores e inspirarlos para que comprendan lo que es importante. La imposición crea reacciones tremendas en las personas; ellas llegarán a odiarle.

La mayoría de nosotros caemos en problemas porque imponemos nuestra voluntad sobre los demás. Por ejemplo, una esposa dice: «Soy del Partido Republicano, y vas a votar por este Republicano». El esposo dice: «No. No me gusta». Por lo tanto, la mujer dice: «Entonces, me divorciaré de ti». Pensar que otro es tu amigo solamente si él o ella se suscriben a tu creencia, es contrario a la amistad real.

La belleza de una amistad o de una familia se basa en que cada miembro es una clase diferente de flor. Todas estas flores hacen un ramillete bello. Un ramillete de la misma clase de flores no sería tan interesante. Una persona pinta y tú danzas. Juntos son incluso más creativos. Mientas mayores son sus diferencias, más grande es su oportunidad para ser bellos. Esa belleza aflorará si no te impones a los demás.

En la amistad debemos mostrar, a través de nuestro propio refinamiento, que existen estados superiores de existencia. Debemos estimular a los demás para que vean la belleza y así puedan avanzar. En el refinamiento, no hay ataques al corazón ni derrames cerebrales; la sangre no se precipita a nuestros ojos y oídos, creando complicaciones físicas. El refinamiento puede salvarnos.

Bajo circunstancias difíciles, las personas pueden llegar a estar tan enojadas que sus vasos sanguíneos se rompen, creando muchas complicaciones más tarde. Si una persona es refinada, supera ese momento difícil, complicado y puede inspirar algo en la persona que está agitada. Por supuesto, estas cosas son más fáciles de decir que hacer. La prueba real surge cuando una situación ocurre en la que la persona es desafiada a actuar de una manera muy refinada.

El discípulo que se esfuerza está en el sendero de superar su estado anterior de consciencia. Vamos a encontrar las formas y los medios para superarnos a nosotros mismos. ¿Cómo podemos hacer esto? Si alguien está gritando con agitación y le contestamos gritando, no es efectivo. Si alguien está realmente gritando, debemos mantener el refinamiento. Esto le enseña una gran lección a la otra persona –si es que tiene algo de sentido común.

La amistad debe desarrollarse en todos los niveles, desde el plano físico a la unidad espiritual. El proyecto más frecuentemente inconcluso es la amistad. Frecuentemente iniciamos amistades, luego las descontinuamos en uno o dos años después de un cierto nivel de realización. La amistad, sin embargo, es una labor a construir.

La amistad es un sendero en el que hay muchos peligros, enemigos y trampas. Debemos superarlos. La amistad es frecuentemente considerada como una relación de auto-interés mutuo, pero nadie puede ser un amigo verdadero si es un amigo solamente en el auto-interés. En la amistad, el único que verdaderamente gana es aquel que proporciona más apoyo al otro. Ser un verdadero amigo significa cultivar un carácter que atraerá la atención de los Grandes Seres.

La corrección más grande de nuestro carácter es lograda por nuestros amigos. Ni un padre, ni tampoco un maestro, pueden penetrar en la profundidad de nuestras heridas y sanarlas como un amigo puede hacerlo. Probamos nuestras amistades en los momentos de crisis físicas, emocionales y mentales.

La calumnia, la malicia y la traición son los enemigos de la amistad. Es una calumnia grave en contra de la Ley de la Amistad y la Unidad cuando una persona se permite a sí misma promover divisiones y odio entre las personas a través del chisme, la malicia, la crítica y la malevolencia.

Las personas se han obligado a sí mismas a olvidar la existencia del infierno, pero alguien que calumnia crea una condición en la que su alma experimenta sufrimiento y dolor incesantes una vez que entra a los mundos sutiles. Todo acto de calumnia crea continuamente divisiones hasta que alcanza la *Esfera de Diamante*[1], donde rebota y golpea a aquél que calumnia. Ese momento es un momento de horror inimaginable.

Se ha dicho que un calumniador llega a un estado de mente en el que se devora a sí mismo. Su consciencia devora no solamente su cuerpo físico, sino también su cuerpo emocional y su cuerpo mental. Este es un estado al cual se refiere en la Biblia como «desnudez». Nadie es capaz de escapar de las consecuencias de su calumnia, excepto a través del arrepentimiento intenso, la oración, la confesión y la auto-abnegación.

Nadie puede revelar nuestras insensateces pasadas tan bien como aquél que fue una vez nuestro amigo. Por ello se nos ha dicho que tratemos con nuestros amigos como si ellos fueran a convertirse más tarde en nuestros enemigos, hasta que la verdadera amistad sea establecida. Pero al encontrar un nuevo amigo, las personas imprudentemente tienden a poner de inmediato todas sus cartas sobre la mesa. Esto es insensatez.

---

1. También conocido como el plano Intuicional.

La insensatez es un estado de consciencia en el cual actos en contra de los mejores intereses de una persona y en contra de la supervivencia, son cometidos por la propia persona. Estos actos se cometen de una manera tan engañosa que ella cree que está promoviendo su propio éxito y sobrevivencia.

La amistad es la relación más sagrada y a nadie se le debe permitir destruirla. El aborto de una amistad es tan grave como el aborto de un embrión saludable. Pero las personas, pensando tontamente que están actuando para su propio auto-interés, rompen los puentes que trabajaron en construir en el pasado.

El primer momento de la amistad es una concepción sagrada. Es un momento milagroso que ha sido creado por leyes kármicas. La amistad concebida debe gradualmente desarrollar frutos y traer más felicidad y éxito, y luego gradualmente profundizarse y progresar hacia esferas más y más elevadas de amistad.

Es muy desafortunado que las personas dejen a los viejos amigos por unos nuevos cuando es posible continuar y mantener las amistades antiguas mientras se hacen nuevos amigos. Esto puede lograrse cuando los nuevos amigos son colocados en el nivel correcto y en el sitio correcto.

Cuando hablamos de amigos, las personas tienden a pensar en amistades sexuales. La amistad no está limitada a una relación sexual. La amistad puede ser creada con el esfuerzo mutuo hacia el servicio sacrificado, la labor grupal, las artes creativas, las ciencias y así sucesivamente. Cada amigo puede tener una posición y un sitio especiales en la relación para ti y para tus demás amigos.

Cómo Incrementar la Amistad

1. Trata de comunicarte; no cortes las líneas de comunicación.
2. Envía regalos inesperados.

3. Siempre habla muy bien de tus amigos.

4. No respondas o reacciones inmediatamente ante cualquier crítica sobre tus amigos; mantén una mente abierta y considera e investiga el problema.

5. No des una mala noticia a tus amigos si no está directamente relacionada con ellos. Más bien, mantén la comunicación en tu amistad bajo líneas agradables.

6. Nunca le mientas a un amigo y nunca lo engañes. Tienes el derecho de mantener tu privacidad, pero nada que digas o hagas debe contener las semillas de la conspiración en contra de él, semillas que violan la amistad.

7. Envía buenos pensamientos a tus amigos tan frecuentemente como puedas.

Estos siete pasos son tan prácticos y poderosos que, si se los pone en uso, traerán resultados asombrosos.

No es fácil encontrar un buen amigo. Generalmente, es raro encontrar y mantener un buen amigo a menos que tú mismo seas un buen amigo. En la literatura Budista hay una historia de una tortuga tuerta en el océano que emerge a la superficie cada cien años tratando de encontrar un tronco hueco de sándalo que pueda sostenerla. Esta historia simbólicamente muestra cuán difícil es encontrar un verdadero amigo. Si esa tortuga encuentra un tronco, se salvará y será capaz de vivir en la luz; y así es con los amigos que encuentran unos a otros. Encontrar un amigo es tan preciado como encontrar agua mientras se está perdido en el desierto, o encontrar una joya cuando estás en la pobreza, o encontrar abrigo en medio de una ventisca o tempestad.

Un buen amigo es alguien que te ilumina. Los malos amigos te conducen hacia la obscuridad, lejos de la luz. Los mejores ejemplos de amigos que podemos tener son el Señor Buda, el Cristo y nuestros Maestros.

Recuerda la historia sobre la clase de amigo que Buda era. El *Príncipe Ajatashatru* hizo amistad con un ministro malvado, *Devadata*, que lo convenció de matar a su padre, el *Rey Bimbisara*. El rey era un amigo del Señor Buda. *Anguilimala*, cuyo nombre significa «collar de dedos», era un asesino que solía cortar los dedos de sus víctimas y colgárselo alrededor del cuello. *Ajatashatru* le ordenó a *Anguilimala* matar mil personas, incluyendo al Señor Buda, y reunir los dedos. Novecientos noventa y ocho fueron asesinados, y él estaba listo para matar a su propia madre y al Señor Buda para completar el total. Pero cuando se acercó al Señor Buda, sintió una profunda transformación en su alma. Él fue conquistado, y se convirtió en uno de los seguidores del Señor Buda.

10

CONSIDERACIÓN

Ser considerado es una facultad espiritual que puede ser usada para relacionarse con diversos objetos, personas, condiciones, situaciones y eventos. La consideración se expresa a través de nuestros pensamientos, palabras, acciones y gestos. Ser considerado significa hacer lo siguiente:

1. Observar cuidadosamente
2. Reflexionar y expresar cuidadosamente
3. Deliberar seriamente
4. Ser pensante
5. Examinar en detalle
6. Meditar sobre algo desde diversos ángulos
7. Ser circunspecto, discreto y prudente

A través de la consideración, el hombre mecánico, que ha sido construido por eras, puede ser desarmado y reemplazado con el nuevo hombre consciente; el alma puede entonces emerger desde adentro.

La consideración es una gran virtud. Su misión es crear inofensividad, correctas relaciones humanas, mayor eficiencia, vigilancia y observación. Una persona considerada es inclusiva y agradecida innatamente, alguien cuyo ego y vanidad son derrotados, alguien que está empezando a vivir para los demás y no solamente para sí mismo. Una persona considerada es aquélla que es sensible a su Ángel Solar, a la Jerarquía y a su visión futura.

Una persona desconsiderada es aquélla que está perdida en sus búsquedas egoístas. Es involutivo, es alguien cuyas acciones están en contra de la voluntad evolutiva.

Para un individuo, ser considerado significa ser sensible a las verdaderas necesidades de los demás; ser capaz de ver sus logros y derechos futuros; y reconocer la misión por la cual ha nacido.

Ser considerado no significa seguir los anhelos o deseos de aquellos que son egoístas, separatistas, nocivos o destructivos. Es importante considerar los pensamientos de tales personas, para que no se les permita controlar nuestras decisiones. Ser considerado no significa permitir a las personas tomarse licencias.

La persona considerada no piensa, habla o actúa mecánicamente; observa cuidadosamente una situación determinada, así como a las personas y objetos relacionados con la situación. Una persona considerada reflexiona cuidadosamente sobre cualquier evento, eligiendo cuidadosamente sus palabras y acciones para que sean correctos, inofensivos, nobles y directos al punto sin rodeos.

Una persona considerada delibera seriamente. Esto significa que pesa, equilibra y pausa para considerar, de modo que sus palabras y acciones traigan éxito, felicidad, salud y realización espiritual. En la deliberación, las personas discuten mutuamente y examinan las razones a favor y en contra de ciertas medidas. Es una disciplina para hacer las cosas sin estar apresurado y sin excitación emocional.

Una persona considerada es una persona pensante. Ser pensante significa tomar en cuenta el bienestar e interés de las personas relacionadas con sus acciones. Considera las circunstancias de ellos, los niveles de existencia, las condiciones, influencias y así sucesivamente, antes de tomar cualquier acción o antes de hablar.

Ser considerado significa examinar en detalle. Mientras más detallista se es en relación a cualquier evento o individuo, más minuciosa será su valoración de ellos. El conocimiento completo provee una oportunidad para llevar a cabo acciones más creativas.

Ser considerado significa ser capaz de meditar el tiempo suficiente sobre un tema determinado y llegar a la mejor conclusión en relación a los procedimientos a tomarse.

Ser considerado significa ser circunspecto, prudente y discreto, y tener un espíritu de co-medida. Ser circunspecto significa observar un objeto o sujeto desde cada ángulo y relación posibles. Tal observación será clara, imparcial, independiente y pura.

Una persona considerada eventualmente desarrolla un alto grado de habilidad de liderazgo. Ningún líder puede mantener su posición y avanzar sin ejercer consideración continua en sus relaciones y decisiones.

La consideración trabaja en muchas dimensiones. La primera es la de ser considerado con las personas y eventos, y tratar de comprender y observarlos. Es ayudar a las personas a ser felices, sanas, prósperas y libres. De ninguna manera una persona considerada trata de dañar a la gente, aún cuando su lado mecánico trata algunas veces de obligarle a actuar «como los demás lo hacen». La segunda está relacionada con el mundo interno. Este es un trabajo muy difícil, en el que la persona empieza a observar sus pensamientos, sentimientos y palabras, sabiendo exactamente qué está haciendo internamente y qué efecto tiene su vida interna sobre su entorno y sus relaciones.

Una tercera dimensión de consideración se relaciona con los sentimientos que uno experimenta, que vienen de otras personas, de los pensamientos y actitudes creados por lo que otras personas dicen y hacen o piensan sobre uno. En esta tercera dimensión, la persona trata de adaptarse apropiadamente a la gente y las condiciones. Esta clase de consideración puede llevarnos a juzgar a los demás, sintiendo que ellos nos pertenecen o que le pertenecemos a ellos. El peligro potencial aquí es que la persona empezará a pensar que es mejor que los demás y que los demás no le comprenden o que ellos son tontos.

La verdadera consideración es ejercida por aquél cuya consciencia es clara, que no actúa bajo la influencia de la lástima de sí mismo, de la vanidad, el ego, el espejismo o la ilusión. Una vez que la mente de la persona está clara, la tercera dimensión de la consideración puede crear milagros en su vida. El primer milagro es la consideración hacia la vida interna. El segundo es la consideración para con los demás, para la relación entre uno y los demás. Una persona es considerada si vive una vida que esté en armonía con su esencia así como en armonía con las demás personas.

La consideración hace que la persona se conozca a sí misma y actúe, hable y piense para cambiarse aún más a sí mismo y hacerse más creativo. La consideración hace que la persona conozca a los demás como ellos son y les ayuda a fomentar su evolución. Hace que la persona conozca la ciencia de las relaciones entre ella misma y las demás.

Una persona considerada gradualmente escala a lo más elevado de la sociedad, porque la consideración le hace poderoso, magnético, próspero e iluminado. Aquellos que no han desarrollado consideración continuamente crean dificultades y problemas dentro de sí mismos, dentro de otros, y en sus relaciones.

Considerar a las demás personas desde su punto de vista, desde el ángulo de sus sentimientos, pensamientos, cultura, civilización, posición y orígenes, nos ayuda a ganar control sobre nosotros mismos. Ganamos poder sobre nuestras tendencias que actúan en una forma mecánica, para que en vez de ello actuemos en una forma que será útil para todas las partes involucradas.

Cuando observamos nuestra vida interna, vemos muchas cosas que están destruyendo nuestro futuro, tales como la existencia de vanidad, ego, hipocresía, autoengaño, identificación, mentira, «mecanicismo». Siendo considerados en esta extensión, nos haremos observadores al pensar, hablar y actuar. De esta manera desarrollaremos más control sobre nuestras vidas.

Es interesante ver que estos elementos dentro de nosotros tratan de engañarnos de todas las maneras posibles para que sintamos que no somos nosotros quienes estamos mintiendo, sino los demás. No somos nosotros los que estamos atrapados en el autoengaño y el ego sino los demás. Una vez que la persona empieza a condenar a los demás, su auto-observación se hace imposible.

Es muy difícil darnos cuenta que casi todo lo que sabemos de nosotros mismos es imaginario. Todo lo que es imaginario debe ser descubierto, eliminado y reemplazado con los hechos concretos sobre nosotros mismos. Mientras más hechos encontremos, más entraremos en nuestra existencia real. Mientras más hechos se conocen sobre uno mismo, menos se juzga y condena a los demás.

Cuando eres considerado con las demás personas, no haces cosas que te harán feliz a costa de los demás. Haces todo lo posible para que ellos mejoren su existencia, les ayudas a cambiar, les desafías para que alcancen logros mayores. No juzgas o criticas a los demás, sino que al observarlos estrechamente, tomas aquellos pasos que les ayudarán a que ellos o su trabajo se hagan más exitosos y beneficiosos.

Siendo considerado hacia las demás personas, uno evita que le hagan actuar mecánicamente. Uno no reacciona sino que piensa, considera, mide y pesa y toma la acción que será buena para todos los involucrados. Siendo considerado hacia las demás personas, uno cuidadosamente crea aquellas impresiones sobre los demás que son creativas, elevadoras y transformadoras.

La consideración no se desarrollará si no nos tomamos en serio a nosotros mismos, a los demás y a nuestras relaciones. Cuando la claridad se logra en estas tres áreas, la consideración nace. La consideración es el fruto de una vida en la que uno ha experimentado el hecho de que la inofensividad, bondad, inclusividad, servicio y auto-sacrificio son los senderos que conducen a la salud, felicidad, prosperidad y luz. En cada encarnación, tales experiencias pueden ser recolectadas en la vida a través de diversas formas y medios. Adicionalmente, cuando pasamos a los Mundos Sutiles, vemos claramente que la Belleza, la Bondad, la Justicia, la Alegría y la Libertad pueden ser disfrutadas por todas las personas, si solamente pensamos en términos del bien supremo. Estas experiencias se acumulan en nuestro Cáliz, y luego en vidas futuras seremos capaces de usar esta sabiduría de una manera denominada consideración.

El conocimiento-directo es el conocimiento que está oculto en nuestra Tesorería, al que tenemos acceso inmediato. En momentos de verdadera consideración, recordamos las experiencias pasadas y de esta manera somos capaces de actuar de una manera crecientemente considerada. Nos hacemos naturalmente considerados cuando vemos la futilidad de la explotación, vanidad, ego, manipulación, separatismo, injusticia, fealdad y maldad. Algunas personas piensan que son listas al esclavizar, manipular y destruir a otros. Tales personas aprenderán sus lecciones de una forma muy dura. Ellas soportarán una pesadilla muy larga en los Mundos Sutiles, y luego nacerán en circunstancias en las cuales las personas les harán lo que ellas les hicieron a los demás en el pasado.

Cierto día cuando mi Maestro y yo estábamos caminado en el bosque, percibí que estaba cambiando el patrón de su caminar. «¿Hay algo malo?» pregunté. Aún caminado, él respondió: «Considera a las hormigas –no pises sobre ellas». La consideración es un sentimiento de unidad de la vida y el reconocimiento de los derechos de otras formas de vida.

Considerar tus pensamientos internos, aspiraciones y visiones, o incluso tus actitudes, no es crítica, auto-juicio o autocondenación. Es la consciencia clara de lo que realmente eres en tus pensamientos, emociones, visiones, planes y actitudes, y de qué curso de acción debes tomar para poder hacer tu vida inofensiva, creativa y fructífera para todos los implicados.

Existe un peligro a tomar en cuenta en relación a este tema. Ser considerado no significa ser perezoso y renunciar ante la perspectiva de agravar una situación. Cuando uno necesita detenerse y no tomar acción, no significa que deba hundirse en la desesperación.

La consideración significa estar consciente, en todo momento, de cómo una situación está funcionando, y estar dispuesto a esperar si ese es el mejor curso de acción.

Una persona considerada debe estar siempre atenta a todos los factores que están involucrados, o que tendrán un impacto sobre sus acciones. Tales acciones de esta persona dependen en última instancia de sus motivos, metas verdaderas, deberes y responsabilidades.

11

CONCLUSIÓN

La cooperación es una gran disciplina, pues en el proceso de cooperación, superamos nuestras maneras egoístas, nuestro autointerés y nuestro ego, y tratamos de reconocer el interés del grupo como un todo. El principio de cooperación subyace a toda la existencia e impulsa todo hacia las relaciones correctas y armónicas.

En la cooperación, tres o más personas operan o trabajan juntas para lograr una meta sobre la cual están de acuerdo. La cooperación es el fundamento de la salud, felicidad, éxito, supervivencia y logros en diversos niveles.

La cooperación es una corriente oculta que guía a todas las formas de vida a moverse cooperativamente, para manifestar las potencialidades dentro del hombre y de toda la Naturaleza. La cooperación conduce a la agrupación, integración y alineamiento con fuentes superiores de energía y guía. Hace eventualmente que los individuos, grupos, naciones y humanidad se superen a sí mismos.

Existen muchos factores involucrados en la cooperación. Algunos de ellos son los siguientes:

La cooperación requiere de una meta común que sea benéfica para aquellos que acuerdan cooperar con ella.

La cooperación requiere de habilidades y conocimiento especiales, de conformidad con el campo de trabajo y con la meta. Mientras más profundo es el conocimiento y mejores las habilidades de los participantes, más grande es el éxito de la cooperación.

La cooperación requiere concentración y enfoque, así como dedicación a la meta y aplicación de habilidades sin la interferencia de los intereses de la personalidad.

La cooperación debe ser progresiva. Debería continuar como meta luego de que la meta es lograda.

La cooperación es un proceso de olvido de sí mismo en el yo grupal y el interés grupal.

La cooperación no puede ser llevada a cabo sin el control firme sobre los gustos y disgustos personales, la vanidad, la ostentación y el despliegue de sentimientos heridos.

La cooperación no solamente debe ser progresiva sino también inclusiva. Debe incluir a grupos cada vez más grandes que se esfuerzan por la misma meta básica.

Todos los involucrados en el esfuerzo cooperativo deben tener su propia tarea y realizarla dentro de la visión del trabajo integral. La no-interferencia y la motivación son factores esenciales requeridos por aquellos que están involucrados en el esfuerzo.

La cooperación es una forma de componer una sinfonía en la cual cada nota tiene una posición distinta y el deber de completar la visión de las demás notas para crear la sinfonía.

En la cooperación, no es el individuo quien es glorificado sino el grupo.

En toda labor cooperativa existe un líder, quien atrae a los co-trabajadores con el imán de un plan. A medida que el trabajo avanza, el líder se convierte en una fuente de inspiración y valor. Eventualmente, cuando la meta se logra, trata de elevar la labor de cooperación a un nivel superior donde se necesita una labor más sacrificada y más enfocada. Un líder verdadero inspira a los co-trabajadores para conducirlos hacia la meta, a través del sendero de lo esencial.

En cada nivel de desarrollo, la cooperación es posible. Pero la cooperación progresiva e inclusiva es sólo posible cuando la labor de cooperación se convierte en la manifestación externa de un proceso interno de cooperación.

El proceso interno de cooperación tiene cuatro pasos:

1. Integración entre las naturalezas física, emocional y mental.
2. Alineamiento con la fuente creativa en nuestro ser.
3. Síntesis de nuestras acciones, sentimientos, pensamientos, ideas, metas y propósito en la vida.
4. Esfuerzo para contactar actividades grupales planetarias y solares para poder cooperar con ellas.

¿Qué hace la Cooperación?

1. La cooperación ahorra tiempo, energía, dinero y materia.
2. La cooperación garantiza el éxito.
3. La cooperación pone en acción los potenciales que se encuentran en todo grupo.
4. La cooperación enseña la ciencia de adaptación.
5. La cooperación hace que el hombre progrese ayudándole a superar su personalidad –sus problemas y apegos– y le permite madurar y lograr cierto grado de victoria sobre su naturaleza inferior.
6. En el proceso de cooperación, uno ve claramente los factores dentro de sí mismo que presentan obstáculos para el esfuerzo cooperativo y por lo tanto, puede tomar los pasos para corregirlos.

7. La cooperación descansa sobre la libertad. En la cooperación no debe haber presión. Nadie debe ser obligar por nadie a desarrollar una tarea. Los co-trabajadores deben unirse, no por presión de ninguna clase, sino por el impulso de sus corazones y por la consciencia de un plan particular y por la necesidad. Cualquier despliegue de fuerza por cualquier co-trabajador hace que el espíritu de cooperación sea imposible, y crea resistencia, divisiones y demás problemas.
8. En la cooperación, futuros errores pueden ser eliminados en cierto grado.
9. En la cooperación, un campo magnético es creado para atraer corrientes nuevas de inspiración e impresiones.
10. En la cooperación, el fuego del espíritu se enciende y es convertido en un agente poderoso para vencer los obstáculos y hacer progresos nuevos.
11. En la cooperación, la fusión se logra entre la naturaleza etérica, astral, mental y espiritual de los co-trabajadores.
12. Si la cooperación se lleva a cabo con el propósito de ganar ventajas personales, intereses egoístas, o para agradar a ciertas personas, la cooperación fracasa.

Cuatro niveles en cada persona deben fusionarse y sincronizarse para el éxito:

- El nivel de propósito
- El nivel de pensamiento
- El nivel de sentimientos y emociones
- El nivel de acción

Esta fusión provee la posibilidad de cooperación futura en campos superiores de la existencia humana. El hombre mismo es el resultado de la cooperación de todos los elementos en su cuerpo. Las Galaxias son el resultado de la cooperación. La existencia misma es el resultado de la cooperación. La carencia de cooperación es caos. Si la cooperación se lleva a cabo en la forma correcta, eventualmente implicará los reinos superiores o esferas de energía superior, desde los cuales viene una guía mayor y una mayor sabiduría.

La cooperación es la fuente de energía del significado de la evolución. Todo en la Naturaleza tiende hacia la cooperación. La Naturaleza existe a causa de la cooperación de la materia, energía, tiempo, espacio, plan y propósito. Nada existe en el universo que no sea el resultado de la cooperación.

La cooperación trae las cosas a la existencia. La falta de cooperación es la causa del caos y de la destrucción.

El progreso, éxito, salud, felicidad y mayores logros son el resultado de la cooperación. Estos resultados se multiplican a medida que el hombre coopera en frentes cada vez mayores. La lección a ser mantenida en la mente es la renunciación de los intereses egoístas y el sostenimiento de los intereses de la humanidad.

Si se lee la historia cuidadosamente, se verá que la desintegración, la destrucción y la desaparición de las naciones ha sido el resultado de la carencia de la cooperación –con la Naturaleza, con otras naciones y dentro de sí mismas. Lo que se mantiene como verdadero para la salud y el bienestar en los individuos también se aplica a las relaciones nacionales e internacionales.

La cooperación debe empezar dentro de nosotros mismos. La salud es la cooperación de todos los elementos y sistemas en el cuerpo. La salud es un resultado de la cooperación de los cuerpos físico, emocional y mental. Las enfermedades de todo tipo son el resultado de la falta de cooperación en alguna parte dentro de los sistemas de la persona. Debemos por lo tanto intentar crear cooperación dentro de nuestros sistemas. Luego debemos tratar de unir estos sistemas con las metas que establecemos y con el propósito contenido en la visión de nuestro Guardián Interno. Tenemos una trinidad dentro de nosotros: El Guardián Interno, el alma humana, la personalidad humana formada por la naturaleza física, emocional y mental. La unidad de estos tres elementos significa la unidad de la persona.

Aquellos que tienen buena cooperación dentro de sus sistemas pueden ser la piedra angular de los grupos que producen mayores esfuerzos cooperativos en el mundo. No puedes realmente cooperar con los demás a menos que tengas cooperación dentro de tu sistema. Una personalidad integrada y fusionada con el Alma es una gran central y el cimiento para la cooperación.

Si juntas a tres personas y observas la calidad de su cooperación, encontrarás que aquellos que tienen buena cooperación dentro de su propia naturaleza también la tienen con sus asociados y amigos.

En cierta oportunidad, mientras conversaba con un funcionario de una prisión, le pregunté cuál era su observación general sobre los prisioneros. Él dijo: «Si escarbas dentro de las vidas de los prisioneros, encontrarás que la mayoría de ellos son de familias o ambientes donde la integración dentro de la persona y la cooperación entre las personas estaba ausente. Un niño que no ve cooperación en el hogar tendrá más tarde un trabajo muy duro para aprenderla luego en la sociedad».

Por lo tanto, debemos repetir: el fundamento de la cooperación es la cooperación entre las partes de su propia naturaleza. Sólo entonces tendrás lo mismo en tu familia, negocios, grupo y sociedad.

La cooperación puede ser desarrollada si tratas de pensar, sentir y actuar como una unidad integrada. La mayoría de las personas piensan de una manera, sienten de otra manera y actúan incluso de otra manera. Tener divisiones en nuestra propia naturaleza y en nuestra familia y sociedad, significa que la unidad no es sana. La salud en las tres naturalezas produce cordura y cooperación. La cordura es pro-supervivencia. La insensatez no lo es.

Sólo cuando se tiene cooperación en uno mismo se puede tener un impacto sobre el mundo. Las personas divididas dentro de sí mismas traen miseria y muerte por todos lados, y se desvanecen bajo las ruinas de su destrucción.

La sociedad nos ha enseñado que todos debemos cuidar de nosotros mismos. Este consejo ha estado en funcionamiento por un largo tiempo y ha llevado a los resultados que vemos alrededor de nosotros. Cuidar solamente de uno mismo conduce a la persona al auto-interés. La nueva orden será que todos debemos cuidarnos mutuamente.

No debes amar a tu vecino igual como te amas a ti mismo, sino más de lo que te amas a ti mismo, si quieres que el mundo sobreviva. Este es el fundamento de la nueva raza, la raza futura de los hombres. Si nos amamos más que a nuestros vecinos, eventualmente aniquilaremos la vida en este globo desafortunado.

La cooperación hace que las fuerzas planetarias creativas y constructivas te ayuden en tu vida y tu trabajo diario. Pero si no cooperas, estarás luchando en contra de estas fuerzas. Aquellos que no cooperan, se desvanecen.

La integración y la fusión con tu alma revelan las metas de tu cuerpo. Pero cuando intentas cooperar con la Presencia Divina, conocerás el propósito de tu vida. ¿Por qué necesitas integración, salud, felicidad, alegría y libertad? ¿Para qué propósito? Encontrarás tu propósito a la luz de tu Presencia Divina interior. Si lo haces, serás un ser humano con propósito. Evocarás el propósito en los demás seres humanos y les ayudarás a vivir una vida con propósito. A menos que encontremos nuestro propósito, estaremos perdidos.

Como se afirmó previamente, existen todo tipo de grupos y agrupaciones –desde los individuales a los de una galaxia y más allá. Cada grupo debe tener una meta, y la cooperación debe existir dentro de cada grupo. Pero los grupos deben unirse para encontrar el **propósito común** detrás de todas las metas. Es solamente después de que el **propósito común** es definido, que la cooperación entre todos los grupos es posible.

Sin un propósito común, las metas entrarán en conflicto. Sin metas, las personas lucharán entre sí o la inercia prevalecerá. A menos que las metas sean beneficiosas y satisfagan los requerimientos del Bien Común, ninguna cooperación es posible. Esto es muy importante. La primera garantía de lograr el éxito en toda meta es que la meta debe ser realmente buena para todos los seres humanos, en todas partes.

Por supuesto, uno no esperará tener la cooperación de los enemigos de la humanidad, pero la victoria final pertenece a quienes realmente formulan las metas que son para el bienestar de toda la humanidad. Las metas parciales, metas partidistas, metas basadas en intereses separatistas no sobreviven largo tiempo y caen sobre las cabezas de los constructores aunque se hayan construido por siglos.

La cooperación de la personalidad o la cooperación entre personalidades se basan en el materialismo. La cooperación de la personalidad más la cooperación del Ángel Solar conduce a actividades extremistas. La cooperación de la personalidad, el alma humana y el Ángel Solar crea cooperación progresiva y equilibrada. La cooperación entre grupos debe seguir el mismo patrón: deben existir tres grupos o más para poder crear cooperación.

Toma muchas eras lograr la fusión de la personalidad y el Alma. Después de que ellas hacen contacto, durante eras la personalidad actúa como una fanática, o el ser humano vive una vida que está «en las nubes» o no está anclada. Hasta que el tercer factor no surja, no habrá equilibrio. El tercer factor es el alma humana, que nace dentro de la cooperación de la personalidad y el Guía Interno.

Hay millones de grupos en el mundo con millones de metas. Cuando cada meta toma una dirección diferente y se vuelve una meta antagónica o conflictiva en relación con las demás, tenemos todo tipo de disturbios globales: revoluciones, guerras, explotación masiva y destrucción de personas y recursos naturales, actividades criminales masivas y más. El destino final de la cooperación es crear una meta común para todas estas metas. A esta meta se le llama «el propósito». A no ser que las personas vean el propósito que existe más allá de sus metas, no podrán crecer más allá.

Esto es similar a escalar una montaña: cientos de personas escalan la montaña y usan diferentes senderos para llegar a la cima. Si alcanzar la cima es el propósito, entonces todas ellas se reunirán en ese sitio.

Primero, las personas deben tener metas para poder empezar a aprender a cooperar. Luego, el propósito detrás de las metas debe ser visto. El propósito es el imán supremo que reúne las metas para hacer que las personas cooperen entre sí. Si no hay propósito, las metas pueden culminar en tensión global porque las personas no pueden ver el propósito, la visión; no pueden ver lo que van a lograr.

Esta es la situación en que nos encontramos en este momento. Todas las naciones tienen una meta, pero no tienen la consciencia del propósito. El propósito es el Bien Común sin la exclusión de nadie.

No es suficiente tener una meta para la cooperación. Necesitamos habilidades y conocimiento para adecuarnos a esa meta. Si tenemos una meta pero no tenemos conocimiento y habilidades, destruimos la meta que estamos tratando de actualizar.

Para que cualquier tipo de cooperación sea exitosa, necesitas eliminar los intereses de tu personalidad. Si estás construyendo una meta y estás cooperando con ella sólo para tu auto-interés, la cooperación fracasará porque los demás, o bien no tolerarán tus acciones, o ellos harán lo mismo que estás haciendo.

La cooperación es la renunciación de tu auto-interés y el trabajar para el interés de todos los que están laborando para esa cooperación. La disciplina está relacionada con el liberarse del ego, que busca solamente su propio interés a costa de los intereses de los demás.

Al trabajar con un espíritu cooperativo, eventualmente vemos los siguientes factores y nos preguntamos:

13. ¿Cuáles son aquellas cosas en mí que están creando obstáculos para la cooperación?
14. ¿Son éstos factores mentales? ¿Emocionales? ¿Físicos?
15. ¿Indican una carencia de conocimiento? ¿Carencia de habilidades? ¿Carencia de interés?

Un grupo de cualquier tamaño, incluso un comité pequeño, es exitoso cuando las personas en el grupo mantienen su auto-interés fuera del trabajo y ven el interés del grupo como un todo –que en realidad incluye los intereses individuales. Esta es la manera en que la gente puede adaptarse y trabajar conjuntamente: sólo si renuncian a su auto-interés en bien del grupo y para el propósito del grupo.

Muchos negocios fracasan porque los trabajadores engañan y roban. Podemos también ver esto en el campo de la política internacional. Por ejemplo, muchas naciones tratan de explotar a las Naciones Unidas para su propio interés. Las Naciones Unidas no son aun exitosas en el grado de la necesidad porque muchas de las naciones involucradas no son capaces de olvidar su propio auto-interés en beneficio del interés de todas las naciones y de todas las personas del mundo.

La meta principal es cooperar entre sí para poder traer comprensión y alcanzar el propósito de cooperación, que es la prosperidad, salud, felicidad, libertad, alegría y paz universal. Esto se logra olvidando los intereses separatistas en favor del interés todo-inclusivo de todas las naciones.

La cooperación trabaja desde y a través de la más pequeña a la más grande de las formas: átomos, células, familias, grupos, naciones, estrellas y más. Es la corriente subyacente a los logros progresivos en todos los niveles. En la formación de la familia esto se puede ver muy claramente. Si un miembro de la familia es egoísta y por lo tanto no puede cooperar con los demás miembros, esa familia sufre y fracasa.

La cooperación significa encontrar un denominador común en el cual todos comparten los beneficios sin imponer ningún auto-interés, superioridad, expectativas o metas separatistas de ninguna persona. Por ejemplo, el mayor obstáculo en todos los comités o grupos que tratan de alcanzar una meta es un miembro que fuerza o se impone a sí mismo con un motivo de auto-interés. Ese auto-interés es para ganar posición, reconocimiento, o la satisfacción emocional de sentirse superior con la ostentación.

Disciplina significa cooperar con olvido de sí mismo y actuar en armonía con la meta del grupo, familia o nación. Puedes ver el mejor drama cooperativo en la configuración de las estrellas y galaxias. Ninguna de ellas viola el espacio de las demás; si lo hiciera, ello traería la destrucción para sí misma. Cosmos significa que todos se adaptan a todos los demás para un propósito común.

La cooperación debe ser progresiva. Esto significa que la cooperación debe profundizar en los reinos emocionales, mentales y espirituales de aquellos que cooperan mutuamente. Esto hace a todo el grupo muy poderoso y extremadamente exitoso porque limpia todos los obstáculos existentes en la naturaleza triple.

La cooperación debe convertirse también en inclusiva. El éxito y el poder son energías muy peligrosas a menos que sean compartidas por cada vez más personas o grupos.

Vemos que en la historia de la humanidad las familias exitosas formaron una nación exitosa. Las naciones exitosas deben ahora formar unas Naciones Unidas exitosas; unas Naciones Unidas exitosas deben formar una humanidad global. Pero cada expansión será llevada a cabo por la renunciación de cierta cantidad de auto-interés. Todas las naciones están creadas por familias que trataron de encontrar una meta común.

La cooperación trabaja en todos los departamentos del esfuerzo humano. Cualquier éxito en cualquier campo es el resultado de la cooperación. Por ejemplo, la comunicación implica un gran esfuerzo cooperativo en el mundo. A través de la comunicación, vemos cómo las naciones y las áreas distantes se acercan entre sí y cómo todos se hacen conscientes de lo que el resto del mundo está haciendo. Por lo tanto, la comunicación nos hace darnos cuenta que las brechas entre todas las naciones deben desaparecer a través de los esfuerzos cooperativos.

Las religiones fueron creadas para enseñar a las personas a cooperar entre sí y con el mensaje o la Voluntad del Creador o el Iluminador. Pero se han convertido en islas dentro de sí mismas. Las religiones tienen sus metas –económicas, políticas y espirituales. ¿Cuál es la meta de la **religión**? Si las religiones encuentran esa meta común o el **Propósito Supremo** de todas las religiones, ellas crearán cooperación internacional o global y de esta manera lograrán un mayor resultado que el alcanzado previamente debido a sus actitudes no cooperativas.

En el pasado, las religiones se odiaban unas a otras. En el presente, existe un fuerte esfuerzo entre muchos líderes religiosos para apreciar los valores entre sí y para cooperar por la meta común. Las religiones tienen metas, pero el propósito de la **religión** es ser una –para hacer que todas las personas se comuniquen con la Fuente de Luz, Amor y Poder.

En el futuro, si una persona va a mover aunque sea una piedra, deberá estudiar la influencia de este movimiento sobre el interés común. Todo lo que se haga en contra del interés común será tomado en cuenta como una violación grave de la ley.

Todo ser humano y toda nación tienen el privilegio de sobrevivir, de ser prósperos y de ser iluminados. Esto no será posible si la cooperación no se establece en nuestras consciencias. De esta forma, con la cooperación eliminamos todos aquellos factores que no se adaptan al Bien Común.

La cooperación es similar a un proceso de engranaje. Si un engrane no se adapta, hay algo erróneo en ese engranaje, y debe ser modificado o removido para que todos los engranajes funcionen. Todas las formas en la Creación son como engranajes separados. La cooperación es la ciencia de adaptar estos engranajes entre sí para que el sistema uno del engranaje universal esté en funcionamiento.

En el engranaje universal, todos compartirán las labores mutuas y sus necesidades serán satisfechas abundantemente porque en la cooperación hay economía, y la economía es la fuente de abundancia.

En todas las formas, el principio de cooperación es un movimiento progresivo hacia el futuro y hacia mayores realizaciones. La salud puede ser definida como el resultado de la cooperación entre todo lo que es el cuerpo, las emociones y el pensamiento. Toda enfermedad es el resultado de la carencia de cooperación. Los hospitales y las prisiones no son nada más que esfuerzos por ejecutar el principio de cooperación. Comportarse significa cooperar con los demás para el Bien Común.

En el proceso de cooperación, puedes ver las necesidades y las cosas de las que careces que podrían hacer exitosa la cooperación. De esta manera, la cooperación te desafía a educarte y cultivarte a ti mismo, para ser útil en campos más y más elevados de cooperación. Todas tus debilidades saldrán a la superficie cuando empiezas a cooperar: tus celos, egoísmo, complejos de inferioridad o de superioridad; tus vanidades, prejuicios, etc. A medida que los eliminas, verás como la labor de cooperación te trae alegría y prosperidad.

Más tarde aprenderemos a cooperar con los Grandes Seres en Sus planes. Imagina cuán mayores habilidades, conocimiento y pureza necesitaremos para poder cooperar con Ellos y no ocasionar perturbaciones en Su gran labor.

Una vez un muchacho cristiano vino a mí fumando marihuana y me preguntó si estaba o no salvado. Le dije: «Tú no puedes cooperar con Cristo con esa marihuana en la boca».

La cooperación es una ciencia, como la física y la química. En el futuro se debe escribir mucho más sobre la cooperación. Debido a que no hemos enseñado esta ciencia en nuestras escuelas y universidades, hemos creado un mundo de competencia y explotación en vez de un mundo de compartir. Vemos ahora a dónde esta negligencia nos está llevando.

La ciencia de la cooperación es como la ciencia de la física y de la química, en el sentido que tiene sus leyes y sus efectos. No puedes poner a este hombre con aquel hombre en un comité, por ejemplo, y tener resultados exitosos a no ser que ellos sean capaces de adecuarse conjuntamente o se utilicen «adaptadores» para adecuarlos.

Ciertos elementos no pueden cooperar entre si hasta que un tercer elemento intervenga. Cristo dio una fórmula científica cuando dijo: «Si tres de ustedes se reúnen en Mi nombre, Yo estaré entre ustedes». En esta fórmula hay tres personas. Luego está Su nombre, el cual es la meta. Y finalmente está el Cristo, el propósito. Estos tres son los representantes de la luz, amor y voluntad. Las tres personas son importantes para la cooperación exitosa, pero deben unirse con una meta que les conduzca al propósito, simbolizada por Cristo.

Si sólo tienes luz y voluntad, te haces muy destructivo porque usas tu conocimiento, información o mente con el poder, sin considerar los intereses de los demás –que el amor revela.

Si sólo tienes voluntad y amor, te conviertes en una persona ciega, impositiva, con gran poder detrás de ti. Necesitas luz para equilibrarte a ti mismo.

Si sólo tienes amor y luz sin voluntad, no serás progresista y productivo, los cuales son los regalos de la voluntad. Por lo tanto, una trinidad debe ser formada por los representantes de estos tres factores. Por ello en casi todas las religiones vemos la trinidad en diferentes formas, para llevar a cabo la Voluntad del Uno en los esfuerzos cooperativos.

Las tres energías de luz, amor y poder crean un campo de magnetismo que hace al grupo inclusivo. El éxito vendrá si el número de los miembros en la trinidad original aumenta en número en igual proporción y no perturban el equilibrio del grupo incrementando un aspecto del triángulo a costa de los demás. Esta es la fórmula secreta del éxito.

Luz es conocimiento, habilidad, información, razón y lógica. La Luz sintetiza las artes, la ciencia, la religión y la economía.

Amor es magnetismo, el vínculo, la intuición, el corazón.

Voluntad es la fuerza motriz, que abre nuevos senderos y vence los obstáculos y las dificultades en el sendero de cooperación. El triángulo es también el símbolo de los siete campos del quehacer humano. El punto medio del Triángulo es el Cristo, simbólicamente el propósito de todos los siete campos del quehacer humano.

Como hemos dicho, la cooperación ahorra dinero, energía, tiempo, materia y sufrimiento. Si las personas cooperan, eliminarán todos los esfuerzos duplicados. En el presente, las grandes compañías están adquiriendo a las más pequeñas o fusionándose entre sí para poder sobrevivir y ser más económicas. ¿Qué sucedería si en los diversos campos de la política, educación, comunicación, artes, ciencia, religión y economía sirven solamente a la humanidad una, en estrecha cooperación mutua? Billones de horas gastadas serán ahorrados; energía y materia serán ahorradas; sobre todo, las armas que drenan toda la sangre de las naciones serán eliminadas, así como los guardianes del auto-interés. Una vez que este peso sea quitado de los hombros de la humanidad, veremos el amanecer de una civilización superior y de culturas jamás soñadas anteriormente.

La cooperación entre las naciones ahorrará todo, incluyendo lo más importante de todo, las vidas preciosas de los seres humanos y de la misma Madre Naturaleza.

GLOSARIO

Alma Grupal: Cuando un grupo de seres unen sus consciencias en niveles elevados, esto forma una consciencia o Alma grupal.

Alma Inmortal: La Chispa o verdadera esencia del hombre. También llamada la Esencia Monádica. Es la fuente de dónde provenimos y a dónde retornaremos en nuestro proceso evolutivo.

Alma: También conocida como el Ángel Solar.

alma: Con «a» minúscula es la psique humana, la Chispa. El viajero en el sendero de evolución que tiene tres poderes: voluntad, atracción, inteligencia para guiar su desenvolvimiento.

Ángel Solar: También conocido como el Yo Transpersonal, o el Alma. Su vehículo de expresión inferior es el átomo mental permanente. Comúnmente denominado la «Voz de la Consciencia», es la luz que guía, hacia la cual el alma humana está consciente o inconscientemente viajando. El Ángel Solar es un miembro de la Jerarquía.

Arhats: Término antiguo que designa a los Iniciados del cuarto grado.

Ashram: Palabra en Sánskrito, que se refiere a la reunión de discípulos y aspirantes que el Maestro reúne. Existen siete ashrams mayores, cada uno correspondiendo a uno de los Rayos, cada uno formando grupos o focos de energía.

Atlántida: (Época atlante) El continente que fue sumergido en el océano Atlántico, de acuerdo a la enseñanza oculta y a Platón. La Atlántida fue el hogar de la Cuarta Raza Raíz, a quienes llamamos Atlantes.

Cáliz Solar: El repositorio de experiencias que el Logos Solar acumula durante Su encarnación en un período de billones de años.

Cáliz: Ver Loto.

Centros Etéricos: Vórtices de energía consistiendo de las sustancias más finas del plano físico. Estos Centros transmiten energía vital al organismo físico y son usualmente denominados por su nombre en Sánskrito, **chakras**.

Centros: Ver Chakras y Centros Etéricos.

Chakra: Vórtice de energía que se encuentra en cada vehículo, relacionado con una parte particular del cuerpo humano. Hay siete chakras primarios comenzando desde la parte alta de la cabeza: (1) corona, (2) entrecejo, (3) garganta, (4) corazón, (5) ombligo, (6) órganos generativos, (7) base de la columna.

Consciencia del Alma: Atención consciente del Guía Interno o Ángel solar.

Corazón Interior: Ver «Corazón».

Corazón, Centro: La esencia o chispa de Dios dentro de cada ser; la Mónada.

Cuerpo Etérico: La contraparte del cuerpo físico denso, penetrándolo y sustentándolo. Formado por materia de los cuatro subplanos etéricos. La base sobre la que el cuerpo físico está basado.

Ejército Negativo: Llamado así porque comprende todas las cualidades negativas que existen. Estas cualidades llevan con ellas un equipo de entidades que hacen presa de la persona que actúa a través de estas cualidades. Causan confusión, fracaso, y la incapacidad de la persona para progresar. Estas cualidades son 14 en número: odio, temor, cólera, celos, venganza, traición, malicia, calumnia, ambición, auto-rectitud, ingratitud, decepción, chisme, perpetración de imágenes de fracaso.

Energía Psíquica: «La energía psíquica es el flujo de energía que proviene de tu Centro más interno, desde tu Corazón creativo, electrificando y cargando todos tus vehículos con la energía de vida, amor y luz. Es la energía que trae a tus vehículos la armonía, la dicha y la serenidad del Yo Interior. Cuando la energía psíquica circula libremente en los vehículos de la personalidad, armoniza al hombre con el ritmo de la Vida Cósmica» (de *La Llama de Belleza, Cultura, Amor, Alegría*, p. 30, por Torkom Saraydarian).

Enseñanza, la: Término que describe la aplicación consciente de las experiencias de la Vida. Ver también «Sabiduría Eterna».

Época Lemur: Un término moderno utilizado inicialmente por algunos naturalistas y ahora adoptado por los Teosofistas para indicar una era relacionada con el período del continente Lemuria, que precedió a la Atlántida.

Esferas Superiores: Ver «Mundos Superiores».

Espejismos: Cuando una persona desea algo intensamente, la forma astral de ese deseo es denominada un espejismo. Estas formas flotan en el aura de una persona y conectan con ciertos centros astrales y etéricos, y ejercitan gran poder sobre las acciones, emociones, pensamientos y relaciones de una persona. Por ejemplo, a tal persona no le gusta escuchar nada que vaya en contra de sus deseos.

Grandes Seres: Seres que han tomado la quinta Iniciación o Iniciaciones de grado superior.

Guía Interno: Ver «Alma».

Ilusiones: Formadas cuando una persona tiene contacto mental con inspiraciones, ideas, visiones, revelaciones, pero, debido a su mente inadecuadamente preparada, su auto-centralización, egoísmo y pensamiento cristalizado, no es capaz de traducir las energías entrantes en su forma correcta. La ilusión resultante es una traducción errónea de algo fáctico. Las ilusiones, por lo tanto, contienen hechos distorsionados.

Imán Cósmico: El centro invisible del Universo.

Iniciación: El resultado del progreso estable de una persona hacia las metas de su vida, alcanzadas a través del servicio y el sacrificio, y manifestado como una expansión de la propia consciencia. Representa un punto de logro marcado por un nivel de iluminación y consciencia. Hay un total de nueve Iniciaciones que el alma humana en desarrollo debe experimentar para alcanzar el Corazón Cósmico.

Jerarquía: La Jerarquía espiritual, cuyos miembros han triunfado sobre la materia y tienen control completo de su personalidad, o ser inferior. Sus miembros son conocidos como Maestros de Sabiduría, Quienes son custodios del Plan para la humanidad y para todos los reinos que evolucionan dentro de la esfera de la Tierra.

Karma, Ley del: La ley de Causa y Efecto o atracción y repulsión. «Cosecharás lo que siembras».

Logos Cósmico: El Corazón central de todo el Cosmos. La suma total de todos los centros del Cosmos. La energía de Luz, Amor y Poder. Cada Logos Cósmico es una vida que contiene siete Logos Solares.

Logos Planetario: El Alma del planeta. El planeta es utilizado como Su cuerpo físico denso para proveer nutrición para todas las formas vivientes. También es llamado el «Gran Sacrificio».

Logos Solar: El Corazón de todo el Sistema Solar y de todo lo que existe en el Sistema Solar. Su propósito es integrar, correlacionar y sincronizar todos los centros que utilizan Su Luz, Amor y Poder –como energía eléctrica– para circular dentro de cada átomo y a través de todos los centros, revelando por lo tanto el Propósito de la existencia y motivando a todas las formas a esforzarse hacia la forma más elevada de cooperación.

Loto: También conocido como el Cáliz. Se encuentra en el segundo y tercer plano mental (desde arriba). Formado por doce diferentes pétalos de energía: tres pétalos de amor, tres pétalos de conocimiento, tres pétalos de sacrificio. Los tres pétalos más internos permanecen plegados por eras; son las fuentes dinámicas de aquellos pétalos externos. El Loto contiene la esencia de todos los logros de la persona, el verdadero conocimiento y el servicio. Es la morada en donde habita el Ángel Solar.

Mal Cósmico: Fuente extra-planetaria del mal, en oposición a las fuerzas que causan evolución en la Naturaleza. La fuente del mal y la degeneración. Aquella fuente vibracional que busca mantener su propia existencia en desafío del gran Plan de Evolución.

Mundo Sutil: Se refiere al plano Astral o emocional.

Mundos superiores: Aquellos planos de existencia que son de vibración más refinada de materia que el plano físico. Generalmente se refieren a los planos mental superior y más allá.

Nirvana: El plano de consciencia conocido como el Plano Átmico.

Personalidad trina (3 vehículos del Hombre): Las fuerzas combinadas y los vehículos en los que el alma humana evolucionante se expresa a sí misma y gana experiencia durante la encarnación. Estos vehículos son el cuerpo físico, el cuerpo emocional o astral, y el cuerpo mental.

Personalidad: Totalidad de los cuerpos físico, emocional y mental en el hombre.

Pétalos: Ver Loto.

Plan: El plan para este planeta es formulado por el Logos Planetario para todos los reinos que evolucionan dentro de Su esfera de existencia.

Plano Físico Cósmico: Se refiere a la totalidad de los siete subplanos de manifestación, desde el más elevado al más inferior: Divino, Monádico, Átmico, Intuicional o Búdico, Mental, Emocional o Astral, y Físico. Cada uno con siete subdivisiones, totalizando 49 planos de manifestación.

Plano Mental: Hay siete planos a través de los cuales un ser humano viaja, y que constituyen la consciencia humana. Desde el nivel inferior hacia arriba, son denominados: Físico, Emocional, Mental, Intuicional (o Búdico), Átmico, Monádico, Divino. El Plano Mental en sí está dividido en siete niveles. Los primeros tres desde la base son los números siete, seis y cinco, los cuales forman el Plano Mental Inferior. El número cuatro es la mente intermedia o enlace. Los números tres, dos y uno forman el Plano Mental Superior.

Propósito: La razón detrás de las acciones que están implementadas debido a la consciencia del Plan.

Reino Angélico: Se refiere a seres que siguen una diferente línea de evolución a la de la familia humana.

Reinos Superiores: Ver «Mundos Superiores».

Sabiduría Eterna: La suma total de las Enseñanzas proporcionadas por los Grandes Instructores Espirituales a través del tiempo. También referida como la Sabiduría Antigua, la Enseñanza, la Enseñanza Antigua.

Ser Uno: El Alma de Vida universal que penetra toda la existencia.

Shamballa: Conocida como la Isla Blanca, existe en materia etérica y está ubicada en el desierto de Gobi. Shamballa es la morada del Señor del Mundo, Sanat Kumara, y es el lugar donde «la Voluntad de Dios es conocida». (Ver también La Torre).

Siete Campos del Quehacer Humano: La expresión de los Siete Rayos en la evolución humana, cada uno correspondiendo a un Rayo específico. Éstos son: Política, Educación y Psicología, Filosofía, Artes, Ciencia, Religión, Economía y Finanzas, del uno al siete, respectivamente.

Siete Rayos: Estos son los siete Rayos primarios a través de los cuales todo existe. Son energía pura vibrando a una frecuencia específica y condensándose de plano en plano, de manifestación en manifestación. Los tres Rayos primarios o Rayos de Aspecto son: el Primer Rayo de Poder, Voluntad y propósito; el Segundo Rayo de Amor Sabiduría; el Tercer Rayo de Inteligencia Activa y Creadora. Hay cuatro Rayos de Atributo: el Cuarto Rayo de Armonía a través del Conflicto; el Quinto Rayo de Ciencia Concreta o Conocimiento; el Sexto Rayo de Idealismo o Devoción; el Séptimo Rayo de Síntesis u Orden Ceremonial. Estos Rayos indican cualidades que pertenecen a los siete campos del quehacer o expresión humana.

Torre, la: El centro del Consejo Planetario o donde la voluntad de Dios es conocida, o Shamballa.

Tesoro, Casa del: Término simbólico para el Cáliz. También llamado la Tesorería.

Triada Espiritual: Los siete planos del hombre desde el inferior al más elevado son el Físico, Emocional, Mental, Intuicional (Búdico), Átmico, Monádico, Divino. Es el campo magnético construido por las energías del átomo Mental permanente, el átomo Búdico permanente y el átomo Átmico permanente. Luego de la Cuarta Iniciación, el alma humana funciona en la Triada Espiritual. En ese estado, es llamada el alma humana Triunfante.

Vanidades: Vanidades son ilusiones basadas en orgullo egoísta de la personalidad. En esencia, la vanidad es arropar una opinión de nosotros mismos con una percepción distorsionada de los hechos. Es un estado de ser en el que pensamos que somos algo que no somos;

que sabemos algo que no sabemos; que tenemos algo que no tenemos; que somos capaces de hacer algo que somos incapaces de hacer. Existe en materia mental en el aura y es alimentada por y a través de la personalidad.

Yo inferior: Los vehículos de la personalidad del alma humana. Ver también el «yo».

Yo Superior: Se refiere al Ángel Solar. Ver también «Yo».

Yo Transpersonal: El Ángel Solar, el Guía Interior.

Yo: La «Y» mayúscula es otro término utilizado para referirse al Corazón del ser humano. El verdadero Ser es denominado el alma humana desenvolvente, desarrollante, que está tratando de liberarse, regresar a su padre y convertirse en su verdadero Yo.

yo: La «y» minúscula es la suma total de los cuerpos físico, emocional y mental del hombre. Comúnmente llamado «yo inferior» o personalidad.

ÍNDICE

SOBRE LA FUNDACIÓN

T.S.G. Publishing Foundation, Inc. es una organización no gravable sin fines de lucro. Fundada el 30 de noviembre de 1987 en Los Angeles, California, se trasladó a Cave Creek, Arizona, el 1o. de enero de 1994.

Nuestro propósito es el de ser un sendero para la autotransformación. Estamos completamente dedicados a la publicación, enseñanza, distribución y archivo de los trabajos creativos de Torkom Saraydarian.

Nuestra oficina y tienda en línea ofrecen una colección completa de los trabajos creativos de Torkom Saraydarian para la venta y distribución.

Nuestro boletín Outreach contiene artículos que fomentan el pensamiento y está disponible tanto en material impreso como en nuestra página web con notificaciones electrónicas gratuitas.

Free Wisdom es un servicio en línea para mantenerle actualizado sobre eventos, materiales interesantes y lecturas inspiradoras.

También conducimos clases, seminarios especiales de entrenamiento, Conferencias Anuales en los Estados Unidos e internacionalmente, y cursos de meditación para el estudio desde el hogar.

Contáctenos o visítenos en línea para detalles sobre nuestras actividades y eventos actuales y venideros.

Página web: *www.TSGFoundation.org*

CONTINUANDO CON EL LEGADO

Torkom Saraydarian dedicó su vida entera a servir a los demás en el crecimiento espiritual. Al momento de su muerte física en 1997, muchos libros habían sido ya publicados y más de 100 manuscritos estaban a la espera de su publicación.

Torkom Saraydarian tenía la sabiduría y habilidad únicas para escribir todos estos libros magníficos y componer cientos de composiciones musicales en el lapso de una sola vida. La publicación y archivo de sus trabajos creativos tomará también una vida completa de esfuerzo cooperativo de nuestra parte. Necesitamos sus contribuciones y respaldo continuo, pues juntos podemos hacer que su sueño sea una realidad, y podemos hacer que su legado fructifique.

Un fondo especial, el *Fondo de Publicación de Libros de Torkom Saraydarian*, ha sido creado para la publicación de sus libros. Adicionalmente, un *Fondo de Donaciones* ha sido establecido para la perpetuación de todos sus trabajos creativos.

Contáctenos para más detalles y actualizaciones concernientes a los programas de publicación y archivo.

Usted puede contribuir con fondos para un libro entero, o dar cualquier cantidad que desee sobre una base continua, o como una contribución única.

Muchas gracias por su respaldo amoroso y continuo.

TSG Publishing Foundation, Inc.

LA UNIVERSIDAD TORKOM SARAYDARIAN

Torkom Saraydarian soñó con un centro de entrenamiento, usualmente llamándolo la Universidad, donde hombres y mujeres pudieran ser entrenados en la teoría y aplicación de los Principios y Valores Superiores de la Sabiduría Eterna. Llamó a tal educación superior «Educación Acuariana» y motivó continuamente a sus estudiantes a formar tal institución en el futuro.

Hay una creciente necesidad de liderazgo en el área del conocimiento esotérico. Más y más gente se está desilusionando de las enseñanzas que reciben de oportunistas, de gente que tiene buenas intenciones pero están llenos de espejismos y vanidades, o de gente que quiere usar la Enseñanza como un negocio para recolectar dinero.

Un gran daño se hace las personas que se aproximan a la Enseñanza con sinceridad en su corazón y son atrapados por grupos, instituciones u organizaciones que son sólo para actividades sociales o que funcionan como trampas de explotación. Algunos de estos buscadores gradualmente se olvidan de su búsqueda y se adaptan al entorno. Algunos de ellos suprimen totalmente su aspiración y esfuerzo espiritual debido a su desilusión. Sólo un pequeño porcentaje, a través de la discriminación, continúa su búsqueda para encontrar el campo adecuado donde puedan crecer y servir.

El número de verdaderos buscadores está incrementándose. Debemos prepararnos para satisfacer sus necesidades y al mismo tiempo, resguardarnos de los peligros de caer en las vanidades, los espejismos, o en la utilización de los buscadores para nuestros propios intereses.

Torkom Saraydarian, *Leadership* I, p. 16

Nuestros primeros cursos de entrenamiento fueron lanzados en setiembre 2000. Tenemos clases presenciales así como por correspondencia. Para información sobre las clases y el registro en línea, visite nuestra página web o escríbanos.

https://www.tsgfoundation.org/tsg-university-information.html

INFORMACIÓN PARA PEDIDOS

Los trabajos completos de Torkom Saraydarian:

- Libros.
- Folletos.
- Música.
- Conferencias en audio y vídeo.
- Cursos de Meditación y estudio.
- Boletines gratuitos por correo electrónico.
- Visita nuestra sección de libros electrónicos en nuestra página web para ver las últimas actualizaciones.
- Catálogos completos disponibles en línea:
  www.tsgfoundation.org

Por favor, contáctenos para información adicional:
TSG Publishing Foundation, Inc.
P.O. Box 7068
Cave Creek, AZ 85327-7068
United States of America
Tel: (480) 502-1909
Fax: (480) 502-0713
E-mail: *info@tsgfoundation.org*
espanol@tsgfoundation.org
Website: *www.tsgfoundation.org*

Para información sobre pedidos en español:
Editorial Dagón:
Website: *www.editorialdagon.es*
E-mail: *jrubio@editorialdagon.es*

Grupo Estudios Teosóficos Valencia, España:
Website: *http://fraternidad.info/g.e.t.html*
E-mail: *jrubio@editorialdagon.es*
Facebook: *Torkom Saraydarian en español*

EDITORIAL
DAGÓN